◢Schöningh

EinFach
Deutsch

E. T. A. Hoffmann

Das Fräulein
von Scuderi

...verstehen

Erarbeitet von
Kirsten Schulte-Köster

Herausgegeben von
Johannes Diekhans
Michael Völkl

Bildnachweis

S. 12: Rowohlt-Archiv, Reinbek bei Hamburg; S. 13, 19, 30, 52: E. T. A. Hoffmann, Das Fräulein von Scuderi. Graphic Novel von Alexandra Kardinar und Volker Schlecht. Copyright © 2011 Büchergilde Gutenberg, Frankfurt am Main, Wien und Zürich; S. 21: Staatsbibliothek Bamberg (Fotoabteilung); S. 25, 37: © REUTERS/Herwig Prammer; S. 40: © Matthias Creutziger; S. 54: Archiv für Kunst und Geschichte, Berlin/Erich Lessing; S. 64: © bpk; S. 86: © Salzgeber/ Cinetext; weitere: Verlagsarchiv Schöningh

Sollte trotz aller Bemühungen um korrekte Urheberangaben ein Irrtum unterlaufen sein, bitten wir darum, sich mit dem Verlag in Verbindung zu setzen, damit wir eventuell notwendige Korrekturen vornehmen können.

Druck 5 4 3 2 1 / Jahr 2016 15 14 13 12
Die letzte Zahl bezeichnet das Jahr dieses Druckes.

Umschlaggestaltung: Nora Krull, Bielefeld
Umschlagbild: Reinhild Kassing/Verlagsarchiv Schöningh
Druck und Bindung: westermann druck GmbH, Braunschweig

ISBN 978-3-14-022538-0

Inhaltsverzeichnis

An die Leserin und den Leser

„Halt! Hier ist das Café Royal. [...] Ein schönes Lokal; vorn das splendideste Kaffeehaus Berlins, hinten die schönste Restauration. Ein Versammlungsort eleganter, gebildeter Welt. Sie können hier die interessantesten Menschen sehen [...] Aber dort am Tische das kleine bewegliche Männchen mit den ewig vibrierenden Gesichtsmuskeln, mit den possierlichen und doch unheimlichen Gesten? Das ist der Kammergerichtsrat Hoffmann [...]."[1]

Der Dichter Heinrich Heine schildert so eine Begegnung mit E.T.A. Hoffmann in Berlin, wahrscheinlich 1821. Julius Eduard Hitzig beschreibt seinen Freund Hoffmann in ähnlicher Weise: „Hoffmann war von sehr kleiner Statur, [...], dunkles, beinahe schwarzes Haar, das ihm bis tief in die Stirn gewachsen war, graue Augen, die [...], wenn er, wie er es oft zu tun pflegte, damit blinzelte, einen ungemein listigen Ausdruck annahmen. [...] In seiner ganzen äußeren Erscheinung fiel am meisten eine außerordentliche Beweglichkeit auf, die auf das Höchste gesteigert wurde, wenn er erzählte."[2]

Die Beweglichkeit, die beide Beobachter feststellen, kennzeichnet auch Hoffmanns künstlerisches Schaffen. Er hat sich in der Musik, Malerei und Literatur hervorgetan. Von seinen Zeitgenossen ist er als „Gespenster-Hoffmann" verspottet worden. Seine literarischen Werke, in denen oft das Nächtliche, Unheimliche und Schaurige im Mittelpunkt stehen und die deshalb bei einigen Zeitgenossen als Trivialliteratur galten, haben ihm diesen Ruf eingebracht. Beim Publikum waren seine Werke außerordentlich beliebt, ihr Schöpfer ein gefragter Autor. Eine seiner erfolgreichsten und bekanntesten Novellen ist „Das Fräulein von Scuderi".

---

[1] Günzel (1984), S. 5
[2] ebd., S. 350f.

Die Erzählsammlung „Serapions-Brüder", in der die Novelle erschienen ist, wird heutzutage zu den bedeutendsten Sammlungen der Weltliteratur gezählt. Die historische Anlage, die komplexe Erzählstruktur und insbesondere der geheimnisvolle Kriminalfall um die facettenreiche Figur des Goldschmieds Cardillac machen den besonderen Reiz der Novelle „Das Fräulein von Scuderi" aus. Hoffmann beschreibt die dunkle Seite des Goldschmieds: Er ist dämonischen Mächten ausgeliefert, die ihn zu Morden treiben. Cardillac ist sich dieser Mächte bewusst, ohne sie kontrollieren zu können. Seine Verbrechen bleiben unbegreiflich, sind mit Mitteln der Vernunft nicht erklärbar. Der Kriminalfall wird daher nur vordergründig aufgeklärt. Bei Hoffmann gibt es keine einfachen Antworten, das macht seine Modernität aus.

Der vorliegende Band aus der Reihe „EinFach Deutsch … verstehen" will einen Einblick in E. T. A. Hoffmanns berühmte Novelle eröffnen. Ein Überblick über den Inhalt sowie erste Zugänge zu Aufbau und Deutung werden ergänzt durch Informationen zu den historischen, biografischen und literaturgeschichtlichen Hintergründen. Einzelne Deutungsaspekte, die Fragen nach der Kunst und nach dem Detektivischen, werden vertieft. Schließlich können die Aufgabenformen *Personencharakterisierung* und *lineare* und *aspektgeleitete Textanalyse* anhand von Beispielen wiederholt, geübt und intensiviert werden.

Viel Vergnügen beim Lesen und Verstehen wünscht

Kirsten Schulte-Köster

Der Inhalt im Überblick

E. T. A. Hoffmanns Novelle „Das Fräulein von Scuderi" handelt von einer mysteriösen Verbrechensserie, die sich in Paris im Jahr 1680 zur Zeit Ludwig des XIV. ereignet. Die Besitzer kostbaren Schmuckes werden auf der Straße ermordet und beraubt. Die Hauptfigur, Magdaleine de Scuderi, eine betagte Schriftstellerin adeliger Herkunft, die als Inbegriff von Tugend gilt und hohes Ansehen genießt, wird in die Verbrechen und ihre Aufklärung verwickelt, indem ihr eines Nachts von einem Unbekannten ein Kästchen mit kostbarem Schmuck und mit einer Nachricht der Juwelenbande gebracht wird.

Fräulein von Scuderi und der Kriminalfall

Die Novelle beginnt unvermittelt mit dieser Szene, in der der nächtliche Besucher Zugang zu Scuderis Haus verlangt. Es gelingt ihm nicht, mit Fräulein von Scuderi zu sprechen, doch kann er bei der verängstigten Hausangestellten Martiniere das Kästchen hinterlassen.

Beginn der Novelle: Übergabe des Kästchens durch einen Unbekannten

Die Geschehnisse der Novelle spielen vor dem Hintergrund zweier Verbrechensserien, die sich in Paris zu der Zeit ereignen und die die Bevölkerung in Angst und Schrecken versetzen. Zahlreiche Menschen, einfache Bürger und Adelige, werden mit Gift ermordet. Zur Aufklärung der Verbrechen setzt der König einen speziellen Gerichtshof ein, die Chambre ardente. Mit weitreichenden Kompetenzen ausgestattet, verfolgt das Gericht die Täter. Die Ermittlungen reichen bis in die höchsten Kreise des Adels. Es kommt zu zahlreichen Hinrichtungen, denen auch Unschuldige zum Opfer fallen. Das Gericht und sein Präsident la Regnie verbreiten mit Willkür und Gewalt Angst und Schrecken in Paris.

Hintergründe der Handlung: Giftmorde

Nach dem Ende der Giftmorde wird Paris von einer neuen Verbrechensserie heimgesucht. Eine Bande beraubt und ermordet die Besitzer kostbaren Schmuckes. Von den Tätern fehlt jede Spur. Der Polizeiminister, Argenson, ver-

langt, einen neuen Gerichtshof für die Verbrechen einzurichten, der mit noch ausgedehnteren Kompetenzen ausgestattet ist. Der König reagiert skeptisch und lehnt den
Vorschlag schließlich ab, indem er sich auf einen Ausspruch

Schlüsselzitat   Fräulein von Scuderis beruft: „Un amant qui craint les voleurs n'est point digne d'amour." (Ein Liebhaber, der Diebe
fürchtet, ist der Liebe nicht würdig.) Dieser Ausspruch steht
in der Nachricht der Juwelenbande, die in dem Schmuck-
kästchen liegt, zusammen mit dem Dank, die Bande damit
vor strengerer Verfolgung bewahrt zu haben.

Die Gräfin Maintenon, Mätresse des Königs, erkennt den
Schmuck, den Scuderi ihr am Tag nach der Übergabe des
Kästchens zeigt, als Werk des angesehenen Goldschmieds

Auftritt Cardillacs   René Cardillac und lässt diesen zu sich rufen. Der Goldschmied gibt an, der Schmuck sei ihm gestohlen worden,
nimmt ihn jedoch nicht zurück, sondern macht ihn Scuderi zum Geschenk.

Zeitsprung: Die Handlung macht einen zeitlichen Sprung. Nach meh-
Warnung   reren Monaten erhält Scuderi eine Nachricht, in der sie aufgefordert wird, den Schmuck innerhalb der nächsten Tage
unter einem Vorwand zu dem Goldschmied Cardillac zurückzubringen. Ihr Leben hänge davon ab. Der Überbringer der Nachricht ist derselbe Unbekannte, der auch das
Kästchen ins Haus gebracht hat. Als Scuderi zum Haus des

Tod Cardillacs,   Goldschmieds kommt, ist dieser tot und sein Geselle und
Verdächtiger: künftiger Schwiegersohn Olivier Brusson wird des Mordes
Olivier Brusson   verdächtigt. Scuderi nimmt Madelon, die Tochter Cardillacs, in ihre Obhut. Von der Unschuld Oliviers ist sie überzeugt und setzt sich für seine Freilassung ein. Ihre Bemühungen bei la Regnie bringen keinen Erfolg. Gegen Olivier
sprechen aus Sicht des Gerichts die Aussagen der Nachbarn und die Tatsache, dass es seit seiner Verhaftung keine
Überfälle auf Juwelenbesitzer mehr gegeben hat. Scuderi,
die sich zu einem Gespräch mit Olivier im Untersuchungsgefängnis einfindet, erkennt in diesem den Überbringer

des Kästchens und der Nachricht und sieht dies als Beweis dafür, dass er doch zu der Juwelenbande gehören muss.

Auf Drängen la Regnies trifft sie sich dennoch ein zweites Mal mit Olivier.

Es beginnt eine längere Binnenerzählung: Olivier, Sohn von Scuderis ehemaliger Pflegetochter Anne, berichtet ihr, dass Cardillac der Juwelenmörder gewesen sei. Der berühmte Goldschmied hat, getrieben von seinem „bösen Stern", seine Auftraggeber ermordet und den kostbaren Schmuck, den er für sie gefertigt hat, wieder in seinen Besitz gebracht. Olivier hat Cardillac bei einem seiner Morde entdeckt und ihn nicht verraten, um Madelon zu schützen. Weiter berichtet Olivier, was Cardillac ihm über seine Motive erzählt hat. Cardillacs Sucht nach Edelsteinen ist durch ein Trauma (starke seelische Erschütterung) im Mutterleib ausgelöst worden. Er hat gehofft, dieses Trauma zu überwinden, indem er Fräulein von Scuderi, die er sehr verehrt hat, seinen kostbaren Schmuck schenkt. Von Cardillac beauftragt, hat Olivier in der Nacht das Kästchen mit dem Schmuck überbracht. Als Olivier erkannt hat, dass der Goldschmied seine zwanghafte Mordlust dennoch nicht kontrollieren kann, hat er Scuderi zur Warnung eine Nachricht übergeben, in der er sie dringend aufgefordert hat, den Schmuck zu Cardillac zurückzubringen. *(Binnenerzählung Oliviers: Cardillacs Geschichte)*

Als dann Cardillac in seiner Todesnacht das Haus verlassen hat, ist Olivier ihm bis zu Scuderis Haus gefolgt. Dort hat er beobachtet, wie Cardillac einen Offizier überfallen hat und von diesem erstochen worden ist.

Oliviers Dilemma besteht darin, dass er, weil er Cardillacs Geheimnis nicht verraten will, den Verdacht gegen sich nicht zerstreuen kann. Nach vergeblichen Versuchen, das Gericht von Oliviers Unschuld zu überzeugen, kommt Scuderi der Graf Miossens zu Hilfe. Er ist derjenige, der Cardillac in Notwehr getötet hat, und er bestätigt Oliviers Aussagen zu den Vorgängen in Cardillacs Todesnacht. Ge- *(Dilemma Oliviers)* *(Miossens' Aussage)* meinsam mit dem Rechtssachverständigen d'Andilly entwickelt Scuderi eine Strategie, wie sie diese Informationen zu Oliviers Gunsten nutzen kann. Schließlich wendet sich Scuderi an den König. Mit ihrem sorgfältig geplanten Auftritt gelingt es ihr, den König für ihre Sache zu gewinnen. Nach eingehender Prüfung aller Aussagen wird Olivier freigelassen. Er heiratet Madelon, die vom König mit einer reichen Mitgift ausgestattet wird, und zieht mit ihr nach Genf, wo sie ein glückliches Leben führen. Der von Cardillac geraubte Schmuck wird nach einem Jahr an seine Besitzer zurückgegeben.

Scuderis Auftritt beim König

Das Ende der Novelle

Die Personenkonstellation

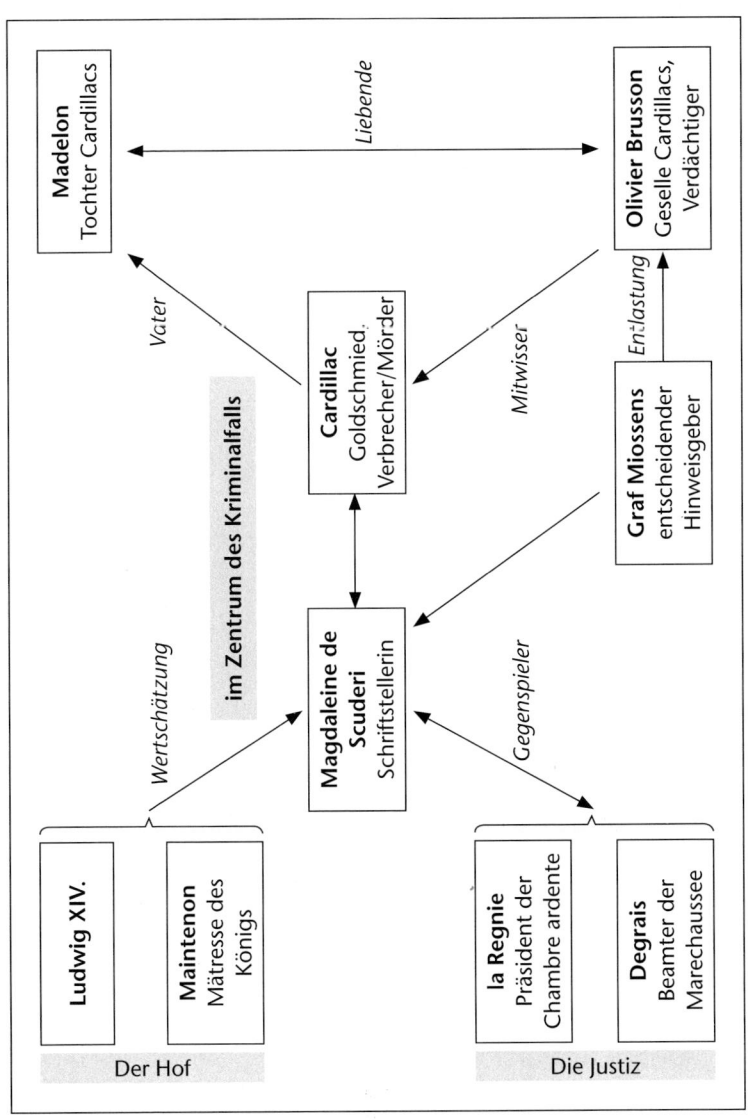

Inhalt, Aufbau und erste Deutungsansätze

Erster Abschnitt: Der nächtliche Eindringling und das geheimnisvolle Kästchen (S. 6–12)[1]

Unvermittelter Beginn

Die Novelle spielt zur Zeit Ludwig des XIV. in Paris. Sie beginnt mit einer Szene, die sich eines Nachts im Herbst des Jahres 1680 zuträgt: Ein Unbekannter verlangt Einlass in das Haus der Schriftstellerin Magdaleine de Scuderi in der Rue St. Honoré. Diese befindet sich mit ihrer Kammerfrau, Martiniere, allein im Haus. Baptiste, ein weiterer Angestellter Scuderis, feiert die Hochzeit seiner Schwester auf dem Land.

Madeleine de Scudéry (1607 – 1701)

---

[1] Sämtliche Stellenangaben beziehen sich auf die im Literaturverzeichnis angegebene Textausgabe des Schöningh Verlags.

Nachts in der Rue St. Honoré

Das Klopfen nachts an der Haustüre versetzt die Kammer-frau in Angst. Es stellt sich heraus, dass der Mann die häus-lichen Verhältnisse Scuderis gut kennt und weiß, dass die beiden Frauen allein sind. Verzweifelt bittet er darum, Scu-deri sprechen zu dürfen. Martiniere gibt seinem Drängen nach und lässt ihn herein, stellt sich ihm aber in den Weg, als sie erkennt, dass er einen Dolch bei sich trägt. Als sich die Marechaussee nähert, eine berittene Polizeitruppe, flüchtet der junge Mann und gibt der Kammerfrau ein Kästchen, das sie ihrer Herrin geben soll. In diesem Augenblick betritt Baptiste das Haus, eine Ahnung hat ihn vorzeitig in die Stadt zurückkehren lassen. Die Kammerfrau berichtet ihm von den Ereignissen der Nacht und zeigt ihm das geheimnisvolle Kästchen. Die beiden beschließen, es am nächsten Morgen ihrer Herrin zu übergeben.

Im ersten Abschnitt erfährt der Leser, zu welcher Zeit und an welchem Ort die Handlung spielt. Die Hauptfigur, ihr Beruf, ihre Herkunft und Lebensumstände werden vorgestellt. Ein wichtiger Wesenszug Scuderis, ihre Wohltätigkeit (vgl. S. 7, Z. 14f.), wird erwähnt, der im weiteren Verlauf der Handlung eine entscheidende Rolle spielt, denn später setzt sie sich für Olivier und Madelon ein.

Besondere Bedeutung kommt dem Kästchen zu. Es stößt die Handlung an und weckt die Neugier des Lesers, da es unter mysteriösen Umständen überbracht wird. Wer ist der unbekannte Eindringling? Warum übergibt er Scuderi das Kästchen? Was befindet sich in dem Kästchen? Das sind Fragen, die sich an diesen Gegenstand, das Kästchen, knüpfen. Dem Kästchen mit seinem kostbaren Inhalt kommt die Rolle des Dingsymbols oder Leitmotivs zu, denn an entscheidenden Stellen der Handlung taucht es wieder auf (z. B. Begegnung Scuderis mit Cardillac, vgl. Abschn. 3; Oliviers Erzählung, vgl. Abschn. 5; Scuderis Auftritt beim König, vgl. Abschn. 7).

Sprachliches Leitmotiv/ Dingsymbol der Novelle: Kästchen

Das Dingsymbol oder Leitmotiv verbindet aber nicht nur wichtige Handlungsschritte miteinander, es verknüpft auch die verschiedenen Zeitebenen der Novelle: Der Inhalt des Kästchens verweist auf das Erlebnis von Cardillacs Mutter, bei dem Schmuck die entscheidende Rolle spielt (Erzählvergangenheit 2, vgl. Abschn. 5). Dieses Erlebnis wirkt bis in die Erzählgegenwart, denn es begründet Cardillacs Sucht nach Edelsteinen.

Insgesamt zeigt sich, dass der erste Abschnitt der Novelle als Exposition dient, da wesentliche Aspekte (Hauptfigur, Ort, Zeit) der folgenden Handlung vorgestellt werden. Das Kästchen als sprachliches Leitmotiv/Dingsymbol und das damit verbundene Geheimnis, das zum Kern des Kriminalfalls führt, werden eingeführt.

Funktion des ersten Abschnitts: Exposition

Das Geheimnisvolle ist das „Zentralmotiv" (Pikulik, 1987) der Novelle. Es wird bereits im ersten Abschnitt mit der Übergabe des geheimnisvollen Kästchens durch den ebenso geheimnisvollen Unbekannten eingeführt. Die Rede vom Geheimnis durchzieht den Text, neben Cardillac (vgl. Abschn. 3) erscheinen mit Olivier (vgl. Abschn. 5) und Miossens (vgl. Abschn. 6) noch weitere Figuren als Geheimnisträger.

Zentrales Motiv der Novelle: das Geheimnisvolle

Hoffmann gelingt es, den ersten Abschnitt und insbesondere den Auftritt des Unbekannten (vgl. S. 6–10) spannend und unterhaltsam zu gestalten. Dabei bedient sich der Autor erzählerischer Gestaltungsmittel aus dem Genre des Schauerromans: Er lässt den Unbekannten sein Vorhaben zu nächtlicher Stunde ausführen („um Mitternacht", S. 6, Z. 5). Die Dunkelheit und die Kleidung des Unbekannten, ein Mantel und ein Hut, der tief ins Gesicht gezogen ist, verbergen seine Identität (vgl. S. 7, Z. 22; S. 8, Z. 32). Die Szene wird vom „Schimmer der Mondesstrahlen" (S. 7, Z. 20) und Kerzenschein (vgl. S. 7, Z. 8f.; S. 8, Z. 36) nur spärlich beleuchtet. Den Auftritt des Unbekannten begleiten zudem unheimliche Geräusche wie das Donnern seiner Schläge an der Tür (vgl. S. 7, Z. 4f.), das die Angst der Hausangestellten hervorruft.

Spannung und unheimliche Atmosphäre

Die Figur des unbekannten Eindringlings erhält neben dem Unheimlich-Geheimnisvollen zusätzlich etwas Verzweifeltes. Dieser Zug spiegelt sich im Äußeren des Mannes, in seinem Verhalten und seiner Sprache wider: Mit eindringlichen und flehenden Worten verlangt er Einlass in Scuderis Haus (vgl. S. 8, Z. 4ff.), Stöhnen und Schluchzen begleiten seine Worte (vgl. S. 8, Z. 26). Er hat ein „todbleiches, furchtbar entstelltes" (S. 8, Z. 36f.) Gesicht.

In seiner Verzweiflung, deren genaue Ursache vorerst im Dunkeln bleibt, wendet sich der Unbekannte an die Hauptfigur, Fräulein von Scuderi, in der Hoffnung, sie könne ihm helfen („Euer Fräulein um Rettung anflehen", S. 8, Z. 23). Das wirft die Frage auf, in welcher Beziehung die beiden Figuren zueinander stehen.

Motiv der funkelnden Augen: Gefährlichkeit des Unbekannten

Die „funkelnden Augen" (S. 9, Z. 4), sein „entsetzliche[r]" und „giftige[r]" Blick (S. 9, Z. 21; S. 10, Z. 3) und die Tatsache, dass er einen kleinen Dolch bei sich trägt, verweisen auf die Gefahr, die von dem Mann ausgehen könnte. Das Funkeln der Augen kann als sprachliches Motiv verstanden werden, da es später wieder auftritt, um auf die bedrohliche und gefährliche Seite des Goldschmieds Cardillac hinzuweisen (vgl. S. 28, Z. 12; S. 54, Z. 18). Der Eindruck von Gefahr wird unterstrichen durch die Wortwahl. Häufig ist die Rede von Verbrechen wie „Einbruch, Diebstahl und Mord" (S. 6, Z. 16), von „Räuber[n]" und „Mörder[n]" (S. 10, Z. 1 f.) oder von „Tod" und „Todesstoß" (S. 9, Z. 31; S. 10, Z. 4 f.). Der Autor schafft so eine Atmosphäre des Unheimlichen und Geheimnisvollen. Insbesondere der Auftritt des Unbekannten wirkt durch die beschriebenen erzählerischen und sprachlichen Elemente spannend und unterhaltsam, zusätzlich erscheint die Passage „lebendig", da die nächtlichen Vorkommnisse weniger erzählt, sondern vielmehr in Szene gesetzt und dem Leser wie auf einer Bühne präsentiert werden.

Szenische Darstellung erhöht Anschaulichkeit

Der erste Abschnitt zeigt, dass das Unheimliche und Geheimnisvolle Ausgangspunkt der Novelle sind. Hoffmann, ein herausragender Vertreter der „Schwarzen Romantik", thematisierte in seinen Werken häufig das Rätselhafte und Unheimliche.

Zweiter Abschnitt: Angst und Schrecken durch Verbrechen in Paris (S. 12–24)

Rückblick: Hintergründe der Haupthandlung

Der zweite Abschnitt beinhaltet einen ausgedehnten Rückblick auf Geschehnisse, die zeitlich vor den Ereignissen der

Nacht liegen (vgl. Abschn. 1). Man könnte ihn noch zur (erweiterten) Exposition rechnen, da er den Hintergrund der Haupthandlung beleuchtet. Überwiegend besteht dieser Abschnitt aus einem Bericht des Erzählers über Verbrechen, die sich in jüngster Zeit in Paris ereignet haben. Dieser Erzählerbericht wird durch eine längere Passage szenischen Erzählens (Dialoge) unterbrochen (vgl. S. 19, Z. 31–S. 21, Z. 12). Der Erzähler berichtet jedoch zunächst von einer Serie von Giftmorden, die in der Bevölkerung Angst und Misstrauen auslösen.

Giftmorde in Paris

Der italienische Giftmischer Exili hat ein Gift entwickelt, das keine Spuren hinterlässt. Er selbst und sein Schüler Sainte Croix und dessen Geliebte Marquise de Brinvillier verüben damit zahlreiche Morde, die auch mit dem Tod Sainte Croix' und nach der Hinrichtung der Marquise nicht enden. Die Bewohner von Paris leben deshalb weiter in großer Angst vor dem tückischen Gift: „Das grausamste Misstrauen trennte die heiligsten Bande. Der Gatte zitterte vor der Gattin – der Vater vor dem Sohn – die Schwester vor dem Bruder." (S. 15, Z. 31–34) Die Auswirkungen der Verbrechen zeigen sich bis ins Alltagsleben hinein: Aus Angst vor Vergiftung bleiben bei festlichen Anlässen Speisen und Getränke unberührt, die Stimmung ist nicht ausgelassen, sondern durch Misstrauen geprägt. Familienväter beschaffen sich ihre Mahlzeiten weit von zu Hause entfernt, aus Angst, die Lebensmittel, die sie zu Hause vorgesetzt bekommen, könnten vergiftet sein.

Als Reaktion auf die Verbrechen beruft der König einen Gerichtshof ein, der sich ausschließlich mit den Giftmorden befasst, die Chambre ardente. Ihr Vorgehen wird mit dem der Inquisition verglichen und verstärkt die Angst der Bevölkerung, da sie rücksichtslos und gewalttätig vorgeht und auch Unschuldige bestraft.

Sondergerichtshof Chambre ardente

Bleiben die Ermittlungen der Polizei zunächst ohne Erfolg, gelingt es schließlich Degrais, einem Beamten der Marechaussee, die Täterin dingfest zu machen: La Voisin, eine

Schülerin la Croix', verdient nicht nur als Wahrsagerin und Geisterbeschwörerin ihren Lebensunterhalt, sondern mischt auch ein spurloses Gift. Sie legt ein Geständnis ab und wird hingerichtet. Man findet eine Liste mit Personen, die ihre Dienste in Anspruch genommen haben. Das führt zu einer Serie weiterer Hinrichtungen. Selbst hohe Vertreter des Adels und des Klerus geraten aufgrund der Liste in den Verdacht, Gift bei la Voisin bestellt zu haben. Die Justiz geht mit „Gewaltstreichen und Grausamkeiten" (S. 17, Z. 21) gegen Verdächtige vor, „oft war es dem Zufall überlassen, die Unschuld des auf den Tod Angeklagten darzutun" (S. 17, Z. 24 – S. 18, Z. 1).

Die Giftmorde stehen in keinem direkten Zusammenhang zur Haupthandlung der Novelle, sondern bilden ihren atmosphärischen Hintergrund. Anhand der Giftaffäre wird auch die fragwürdige Rolle der Justiz deutlich, die sich im Fall Oliviers zeigt (vgl. Abschn. 4).

Historischer Hintergrund: Jurist Hoffmann

Der Schriftsteller Hoffmann war selbst Jurist und wirkte während der Arbeit an der Novelle „Das Fräulein von Scuderi" als Kammergerichtsrat am Königlichen Kammergericht in Berlin.[1] Er vollendete die Novelle 1818, am Vorabend der Demagogenverfolgung[2]. Zu dieser Zeit rüstete sich der preußische Staat gegen die liberalen Kräfte, die sich auf dem Wartburgfest 1817 formiert hatten. Hoffmanns negative Darstellung der Chambre ardente und ihrer polizeistaatlichen Methoden muss vor diesem biografischen und historischen Hintergrund beleuchtet werden. Die Chambre ardente behandelt Verdächtige mit unverhältnismäßiger Gewalt – „der geringfügigste Verdacht reichte hin zu strenger Einkerkerung" (S. 17, Z. 23 f.) – und sie wendet die Folter an, um „Geständnisse zu erpressen"

---

[1] Vgl. zum juristisch-historischen Hintergrund Freund (1980), S. 43 ff. (Textausgabe S. 113 ff.)

[2] Demagoge: abwertende Bezeichnung für jemanden, der andere politisch aufhetzt

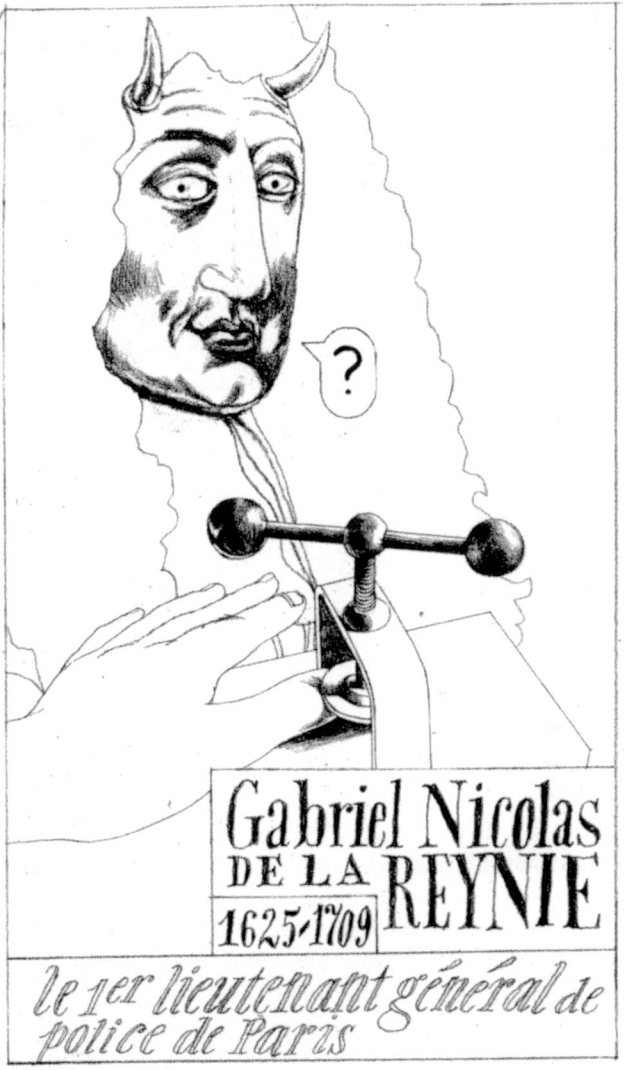

La Regnie, Präsident der Chambre ardente

Negative
Darstellung
der Justiz

(S. 19, Z. 3 f.). Der Figur des Gerichtspräsidenten verleiht der Erzähler ähnlich bösartige und dämonische Züge wie den Verbrechern selbst: La Regnie „war [...] von garstigem Ansehen und heimtückischem Wesen" (S. 18, Z. 2 f.). Sein Vorgehen gegen die Verbrecher ist von „Hass" (S. 17, Z. 15), Gewalt und „Grausamkeiten" (S. 17, Z. 21) geprägt. So wie die Verbrecher (vgl. S. 21, Z. 12) wird er mit dem Teufel verglichen (vgl. S. 18, Z. 5 ff.).

Nicht nur das absolutistische Frankreich Ludwigs XIV., Schauplatz der Handlung, sondern auch der preußische Staat, in dessen Diensten Hoffmann stand, hatte einen Polizeiapparat, der mit weitreichenden Kompetenzen seine Gegner verfolgte. Kurz nach dem Erscheinen der Novelle wurden in Preußen durch die Karlsbader Beschlüsse von 1819 polizeistaatliche Methoden im Kampf gegen die politischen Gegner etabliert. Es liegt nahe, dass Hoffmann bei der Darstellung der Justiz im zweiten Abschnitt der Novelle nicht nur das Rechtssystem Ludwigs XIV. vor Augen hatte, sondern auch das des preußischen Staates.

Juwelenmorde

Nach dem Ende der Giftmorde ereignet sich in Paris eine weitere Serie von Verbrechen. Die Besitzer von Juwelen werden auf der Straße ausgeraubt und ermordet.

Trotz großer Anstrengungen der Polizei gelingt es nicht, die Täter zu fassen. Auch von den gestohlenen Juwelen gibt es keine Spur.

Szenisches
Erzählen

Die folgende Passage (S. 19, Z. 31 – S. 21, Z. 12) hebt sich vom bisherigen Erzählerbericht ab. Der aufgebrachte Degrais beschreibt la Regnie in einem Gespräch, wie der Juwelenmörder vor den Augen der Polizei den Marquis de la Fare überfällt und anschließend unter mysteriösen Umständen entkommen kann.

In dieser Passage findet ein Wechsel vom Erzählerbericht zum szenischen Erzählen statt. Damit geht auch ein Wechsel des Erzähltempus zum Präsens einher. Durch die Erzählweise wirken die Tat und die folgende Flucht des Juwelen-

Karl M. Schultheiß, Radierung von 1923 zu „Das Fräulein von Scuderi"

mörders anschaulich und spannend. Das szenische Erzählen lässt den Leser direkter am Geschehen teilnehmen.

In dem Gespräch wird der Verbrecher mit dem Teufel gleichgesetzt („die Teufel, die meiner spotten", S. 20, Z. 6), Degrais beschreibt sein plötzliches Auftauchen mit einem anschaulichen Vergleich („da springt wie aus der Erde herauf eine Figur", S. 20, Z. 12) und setzt die Schnelligkeit, mit der er flüchtet, mit „Flügeln des Windes" (S. 20,

Dämonisierung der Verbrecher

Z. 19) gleich, die ihn uneinholbar davontragen. Am Ende des Gesprächs wird der Räuber erneut mit dem Teufel gleichgesetzt („Der Teufel selbst ist es, der uns foppt.", S. 21, Z. 12). Die beschriebenen sprachlichen Mittel lassen den Verbrecher dämonisch, mit übernatürlichen, unerklärlichen Fähigkeiten ausgestattet erscheinen.

Die Täter verüben die Morde also vor den Augen der Polizei und können dennoch fliehen. Dies führt dazu, dass man übernatürliche Kräfte am Werke vermutet und den Teufel selbst mit den Tätern im Bunde sieht. Angst und Verunsicherung in der Bevölkerung nehmen deshalb weiter zu.

Neuer Gerichtshof mit ausgedehnteren Kompetenzen wird abgelehnt

Der Vorschlag des Polizeiministers, einen neuen Gerichtshof mit noch ausgedehnteren Kompetenzen einzurichten, um den Juwelenmorden ein Ende zu bereiten, stößt beim König auf Ablehnung, denn dieser betrachtet mit Sorge das inquisitorische Vorgehen und die zahlreichen Hinrichtungen.

Um den König dennoch für den Vorschlag zu gewinnen, wird ihm in den Gemächern seiner Mätresse Maintenon ein geistreiches Gedicht übergeben. Es handelt von der Angst der Liebhaber, sich nachts mit teurem Schmuck als Geschenk auf den Weg zur Geliebten zu machen. Zu ihrer Meinung befragt, antwortet das anwesende Fräulein von Scuderi: „Un amant qui craint les voleurs n'est point digne d'amour." (S. 23, Z. 30 f.: Ein Liebhaber, der Diebe fürchtet, ist der Liebe nicht würdig.) Den König überzeugen diese Worte und er lehnt es ab, härter gegen die Juwelendiebe vorzugehen. Diese Szene zeigt, dass Fräulein von Scuderi beim König ein hohes Ansehen genießt und er Wert auf ihre Meinung legt.

Scuderi: „Un amant qui craint les voleurs n'est point digne d'amour." (S. 23)

Scuderi genießt Ansehen des Königs

Insgesamt hat der zweite Abschnitt die Funktion, die Hintergründe der Kriminalhandlung zu veranschaulichen. Folgende Aspekte sind für die weitere Handlung von Bedeutung:

- In Paris herrschen Angst und Schrecken, die Polizei steht also unter großem Druck, die Verbrechen aufzuklären. Ihr Vorgehen dabei ist fragwürdig. Das zeigt sich später auch im Fall Oliviers (Verhaftung, Prozess, vgl. Abschn. 4).

● Der Juwelenmörder erscheint durch die anschaulich geschilderte Flucht geheimnisvoll und dämonisch – Wesenszüge, die sich im weiteren Handlungsverlauf bestätigen (vgl. Abschn. 5).

● Fräulein von Scuderi wird als Ratgeberin des Königs gezeigt. Diese besondere Position ist für die Rettung Oliviers bedeutsam (vgl. Abschn. 7).

● Scuderis Ausspruch über die Liebhaber taucht an verschiedenen Stellen der Novelle wieder auf (z. B. Öffnung des Kästchens, Zettel, vgl. Abschn. 3) und kann deshalb als Motiv verstanden werden.

Dritter Abschnitt: Cardillacs Schmuck (S. 24–35)

Der dritte Abschnitt knüpft zeitlich an die Ereignisse der Eingangsszene der Novelle (vgl. Abschn. 1) an.

Baptiste und Martiniere übergeben Fräulein von Scuderi am Morgen nach den nächtlichen Vorkommnissen das Kästchen. Die Fragen, die an das Kästchen geknüpft sind, verdichten sich durch die vorherige Schilderung der Verbrechen auf folgende: Steht das Kästchen mit den Verbrechen in Verbindung?

Beginn des Kriminalfalls durch Öffnen des Kästchens

Fräulein von Scuderi öffnet das Kästchen und findet darin wertvollen Schmuck und einen Zettel. Er enthält eine Botschaft der Juwelenbande an sie und es wird ihr Ausspruch über die Liebhaber zitiert. Die Verbrecher bedanken sich für diesen Ausspruch vor dem König, da die Schriftstellerin sie mit diesen Worten vor strengerer Verfolgung bewahrt hat. Indem die Verbrecher den Ausspruch für ihre Zwecke vereinnahmen, machen sie Scuderi zu ihrer unfreiwilligen Komplizin. Der Spruch, der an verschiedenen Stellen der Novelle auftritt, hat also die Funktion, eine Verbindung zwischen dem Scuderi-Geschehen und den Verbrechen herzustellen.

Verbindung des Scuderi-Geschehens mit den Verbrechen durch das Zitat

Der Inhalt des Kästchens bestätigt die Vermutungen, dass es in Zusammenhang mit den geschilderten Verbrechen steht. Fräulein von Scuderi reagiert mit Entsetzen und beschließt, die Marquise de Maintenon aufzusuchen und ihr den Schmuck zu zeigen. Die Marquise erkennt den kostbaren Schmuck als Werk des Goldschmieds René Cardillac und lässt ihn zu sich rufen.

Einschub: Charakterisierung des Goldschmieds Cardillac

Bevor der Erzähler vom Auftritt Cardillacs berichtet, fügt er eine längere Passage über den Goldschmied ein (S. 27, Z. 35 – S. 30, Z. 32). Sie hat die Funktion, den Leser mit dem Äußeren der Figur und deren wesentlichen Eigenschaften und Verhaltensweisen vertraut zu machen. Cardillac wird dem Leser als „einer der kunstreichsten und zugleich sonderbarsten Menschen seiner Zeit" (S. 28, Z. 1 f.) vorgestellt. „Kunstreich" deshalb, weil er aus Edelsteinen herausragende Kunstwerke schafft. Fasziniert von den kostbaren Steinen, stellt er mit großem Geschick und dem Hang zur Perfektion Kunstwerke her (vgl. S. 28, Z. 22 ff.). Das macht ihn zum berühmtesten Goldschmied der Stadt und bringt ihm den Ruf ein, sogar der beste Goldschmied seiner Zeit zu sein (vgl. S. 28, Z. 14 ff.). Bei seinen Mitmenschen genießt Cardillac den Ruf eines tadellosen Bürgers (vgl. S. 28, Z. 8 ff.). Er ist Ende fünfzig, von kräftiger Statur, eher klein, beweglich, kraftvoll und hat rötliches, krauses Haar (vgl. S. 28, Z. 2 ff.). Auf das „Sonderbare" dieser Figur weisen verschiedene Signale hin (Äußeres und Verhalten).

Signale für die unheimliche Seite Cardillacs:

Der Erzähler beschreibt den „besondere[n] Blick" (S. 28, Z. 11) des Goldschmieds und die „grün funkelnden Augen" (S. 28, Z. 12), die Cardillac „in den Verdacht heimlicher Tücke und Bosheit" (S. 28, Z. 12 f.) hätten bringen

Motiv der funkelnden Augen

Aggression bei Herausgabe des Schmuckes

können. So wie das sprachliche Motiv der funkelnden Augen und der Blick ein Signal für eine verborgene Seite seines Charakters sind, weist auch sein Verhalten auf eine solche Seite hin: Cardillac verhält sich auffällig, wenn die Auftraggeber den Schmuck abholen wollen. Der Goldschmied versucht, die Herausgabe des Schmuckes zu verzögern, fühlt „tiefsten Verdruss[ ] und eine „inner[e] Wut" (S. 29, Z. 2), wird sogar handgreiflich gegenüber den Kunden (vgl. S. 30, Z. 11 ff.).

Die Oper „Cardillac" von Paul Hindemith, Szenenfoto aus der Aufführung an der Wiener Staatsoper (2010)

Für die Charakterisierung Cardillacs ist die folgende Szene (S. 31, Z. 16 – S. 33, Z. 28) ebenso aufschlussreich; sie zeigt Cardillac im Gespräch mit Fräulein von Scuderi und der Marquise. Es ist die einzige Szene der Novelle, in der Cardillac (lebend) auftritt.

Aufeinandertreffen von Cardillac und Fräulein von Scuderi

Der Goldschmied wirkt fahrig und nervös (vgl. S. 31, Z. 16 ff.). Auf den von ihm gefertigten Schmuck reagiert er heftig, indem er ihn eilig in dem Kästchen verstaut und es von sich wegschiebt. Was die Qualität des Schmuckes angeht, so ist er ganz und gar von seinem einzigartigen Können überzeugt. Cardillac gibt an, er habe den Schmuck für sich angefertigt – nur um der Arbeit und der Steine selbst willen – und er sei ihm gestohlen worden. Anstatt jedoch den Schmuck zurückzunehmen, macht er ihn dem Fräulein zum Geschenk. Seine Körpersprache zeigt, dass er innerlich aufgewühlt ist und der Entschluss, den Schmuck zu verschenken, widerstreitende Gefühle in ihm auslöst (vgl. S. 32, Z. 18 ff.). Dennoch besteht er mit Nachdruck darauf, dass Fräulein von Scuderi sein Geschenk, das sie zunächst als zu kostbar und unangemessen ablehnt, annimmt. Cardillac reagiert mit einem heftigen Gefühlsausbruch, als Fräulein von Scuderi das Geschenk schließlich akzeptiert; er weint laut, wirft sich auf die Knie und läuft hastig davon, wobei er einige Möbel zu Boden reißt.

Nach dem Abgang des Goldschmieds scherzen Scuderi und die Marquise über ihn, machen sich über sein sonderbares Verhalten lustig (vgl. S. 33, Z. 30 ff.). Schließlich fasst die Schriftstellerin den Auftritt des Goldschmieds in unterhaltsame und witzige Verse, die sie dem König zu dessen großer Erheiterung vorträgt (vgl. S. 34, Z. 37 ff.).

Hier zeigt sich Scuderis schriftstellerisches Geschick, aber auch ihr mangelndes Einfühlungsvermögen: Zwar ahnt sie hinter Cardillacs merkwürdigem Gebahren ein „grauenvolles, entsetzliches Geheimnis" (S. 34, Z. 23), doch geht sie über seine Qualen hinweg, nutzt die Begegnung mit ihm für die Zwecke der Kunst und gibt den Goldschmied in ihren Versen der Lächerlichkeit preis.

Mangelndes Einfühlungsvermögen Scuderis

Die Ahnung Scuderis weist auf die detektivische Seite der Titelfigur hin: Sie zeigt ihr Gespür für das Geheimnisvolle und ihre Fähigkeit, hinter die bürgerliche Fassade des Goldschmieds zu schauen und dort etwas Unheimliches zu vermuten.

Detektivisches Gespür Scuderis für das Geheimnisvolle

Cardillacs Auftritt wirkt sowohl für die beteiligten Figuren als auch für den Leser rätselhaft und geheimnisvoll, denn zu diesem Zeitpunkt der Handlung können sie noch nicht wissen, dass Cardillac selbst der Juwelenmörder ist. Da das Geschehen überwiegend aus der Perspektive Scuderis vermittelt wird, haben Titelfigur und Leser denselben Kenntnisstand. Dadurch bleibt die Spannung erhalten. Indem der Erzähler außerdem mit Vorausdeutungen arbeitet (Scuderis Ahnung), wird die Spannung zusätzlich gesteigert.

Gemeinsame Perspektive: Leser und Titelfigur

Das zentrale Motiv des Geheimnisvollen tritt auch im drit- Das Motiv des
ten Abschnitt wieder auf: Das geheimnisvolle Kästchen Geheimnisvollen
wird geöffnet; die Frage nach dem Inhalt also geklärt.
Doch ergeben sich neue Rätsel, denn nicht minder geheimnisvoll ist Cardillacs Verhalten, als er mit dem Inhalt
des Kästchens konfrontiert wird. Scuderi ahnt ein Geheimnis dahinter. Hier zeigt sich, dass mit dem Motiv des Geheimnisvollen das Motiv der Ahnung (Pikulik, 1987) verbunden ist (vgl. z. B. Abschn. 4). Dem Geheimnisvollen
wird ein gefährlicher und unheimlicher Anstrich verliehen,
indem es zusammen mit Adjektiven wie „grauenvoll" und
„entsetzlich[]" (S. 34, Z. 23) vorkommt.

Vierter Abschnitt: Cardillacs Tod (S. 35–50)
In der Novelle findet ein zeitlicher Sprung von mehreren Zeitlicher Sprung
Monaten statt. Scuderi ist mit ihrer Kammerfrau Martiniere von mehreren
in einer Kutsche auf dem Pontneuf (Seinebrücke im Zent- Monaten
rum von Paris) unterwegs. Da es sich um eine zu dieser Zeit
noch seltene Glaskutsche handelt, versammeln sich Schau-
lustige. Durch die Menge drängt sich ein junger Mann zur
Kutsche vor, um Scuderi einen Zettel zu übergeben. Die
Kammerfrau erkennt in dem jungen Mann den nächtlichen
Eindringling wieder, der das Kästchen ins Haus gebracht
hat. Der Zettel enthält eine Botschaft an Fräulein von Scu- Botschaft an
deri. Mit eindringlichen Worten wird sie darum gebeten, Fräulein von
den Schmuck innerhalb der nächsten zwei Tage unter ei- Scuderi
nem Vorwand zum Goldschmied Cardillac zurückzubringen. Das Leben Scuderis hänge davon ab.
Fräulein von Scuderi ist sich nun sicher, dass der Absender
dieser Nachricht gegen sie nichts Böses im Schilde führt, und
nimmt sich vor, der Aufforderung Folge zu leisten. Mehrmals
muss sie ihr Vorhaben, den Goldschmied aufzusuchen, jedoch verschieben. Es sind Angelegenheiten der Kunst, die sie
aufhalten (vgl. S. 37, Z. 9 ff.). Während dieser Tage wird sie
von großer Unruhe und von angsterfüllten Träumen geplagt.

Als sie sich schließlich mit dem Schmuck auf den Weg macht und Cardillacs Haus erreicht, hat sich schon eine Menschenmenge dort versammelt. Scuderi erfährt, dass Cardillac ermordet worden ist. Olivier Brusson, der Geselle des Goldschmieds, wird der Tat verdächtigt. Die Tochter Cardillacs und Verlobte Oliviers, Madelon, beteuert jedoch die Unschuld ihres Geliebten. Sie wird von der Polizei, die schon vor Ort ist, hart angefasst und bricht ohnmächtig zusammen. Scuderi hat Mitleid mit der Verzweifelten und nimmt sie in ihre Obhut. Olivier wird ins Gefängnis gebracht.

Szenisches Erzählen

Erzähltechnisch hebt sich die Verhaftung Oliviers von den übrigen Passagen des Abschnitts ab, denn in der Novelle findet ein Wechsel vom Erzählerbericht im Präteritum zum szenischen Erzählen (Präsens) statt. Die aufgebrachte Stimmung, die über der Szene liegt, das grobe Vorgehen der Polizei und Madelons Verzweiflung werden auf diese Weise anschaulich dargestellt.

Gefühlsbetonte Sprache

In der Verhaftungsszene tritt Madelon, die junge Tochter des Goldschmieds, erstmals auf. Ihre Schönheit und Zartheit beschreibt der Erzähler mit einem Vergleich („schön wie der Tag", S. 38, Z. 21), sie wird mit einem „unschuldsvollen Engel" (S. 39, Z. 20) gleichgesetzt und wirkt dadurch strahlend, gut und rein. Die Engelsmetapher taucht erneut auf, wenn ihr Auftritt beim König geschildert wird (vgl. S. 78, Z. 24). Wie verzweifelt Madelon über die Verhaftung Oliviers ist, spiegelt sich in ihrem Äußeren wider („mit aufgelösten Haaren", S. 38, Z. 21 f.) und in ihrem zweifachen Ausruf „Er ist ja unschuldig! – er ist unschuldig!" (S. 38, Z. 25 f.). Der Eindruck von Gequältsein wird intensiviert, indem ihr Ausruf „mit dem Ton des entsetzlichsten, schneidendsten Todesschmerzes" (S. 38, Z. 24 f.) erfolgt. Die Superlativformen der Adjektive heben den Schmerz besonders hervor.

Negative Darstellung der Justiz

Gerade im Kontrast zur engelsgleichen Madelon wirken die Vertreter der Justiz, Degrais und seine Männer, bösartig und brutal (vgl. S. 38, Z. 28 ff.): Wie später auch la Regnie unterstellt Degrais ohne guten Grund, Madelon wisse am Ende von der Tat und er müsse sie auch „nach der Conciergerie" (Untersuchungsgefängnis auf der Seine-Insel) bringen lassen. Dieser Verdacht wird von einem „tückischen, schadenfrohen Blick" (S. 39, Z. 11 ff.) begleitet. Wie auch an anderer Stelle (vgl. Abschn. 2) beschreibt der Erzähler die Vertreter der Justiz negativ und stellt ihr Vorgehen als verwerflich dar. Die vorliegende Szene gibt aber auch einen Einblick in die Figur des Fräulein von Scuderi. Dass sie sich nicht von Degrais einschüchtern lässt, zeigt ihren Mut und ihr Durchsetzungsvermögen. Der Impuls, Madelon zu helfen, verdeutlicht ihre mütterlich-beschützende Seite (vgl. S. 39, Z. 23 f.). Nachdem Madelon sich in Fräulein von Scuderis Obhut erholt hat, erzählt sie, was sich ereignet hat.

Nach dem längeren Rückblick im zweiten Abschnitt, der die Hintergründe der gesamten Handlung beleuchtet (Verbrechensserien), und den eingeschobenen Informationen über Cardillac (vgl. Abschn. 3), ist dies der dritte Rückblick, den der Erzähler einfügt. Die Rückblicke haben eine wichtige Funktion innerhalb der Novelle. Wie es für eine Detektivgeschichte typisch ist, wird der Fall im Nachhinein schrittweise gelöst, so klärt sich auch in den Rückblenden von Hoffmanns Novelle der Kriminalfall um die Juwelenmorde allmählich.

Funktion der Rückblicke: schrittweise Auflösung des Kriminalfalls

Madelons Erzählung bezieht sich auf die Ereignisse in der Todesnacht ihres Vaters. Verglichen mit Oliviers Schilderung (vgl. Abschn. 5) ist sie für die Lösung des Falls weniger bedeutsam. Erzähltechnisch spiegelt sich das in der Darbietungsform wider, denn die Ereignisse werden nicht direkt, mit Madelons Worten, wiedergegeben, sondern in der indirekten Rede.

Madelon sagt Folgendes über die Todesnacht ihres Vaters: Cardillac ist in der Nacht in Oliviers Beisein überfallen worden. Olivier hat den Verwundeten nach Hause gebracht, ohne zu ahnen, dass dieser tödlich verletzt war. Der Goldschmied ist dort gestorben. Am nächsten Morgen haben

Madelons Schilderung der Todesnacht ihres Vaters

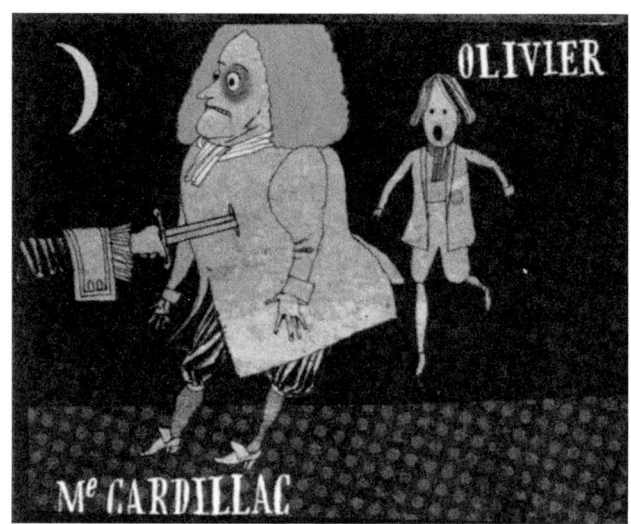

Tod Cardillacs

Nachbarn, die sich nach dem Lärm in der Nacht erkundigen wollten, Madelon und Olivier bei der Leiche des Goldschmieds gefunden. Die Polizei ist kurz darauf gekommen und hat Olivier als Mörder Cardillacs festgenommen. Madelon dagegen beteuert seine Unschuld und rühmt die Tugendhaftigkeit Oliviers.

Die Liebe zwischen Madelon und dem Verdächtigen Olivier und das bedingungslose Vertrauen, das Madelon ihrem Geliebten entgegenbringt, stehen in deutlichem Kontrast zu den düsteren Hintergründen der Handlung: Mord, Misstrauen und Angst beherrschen die Menschen in Paris, „[w]ie ein unsichtbares tückisches Gespenst schlich der Mord sich ein in die engsten Kreise, wie sie Verwandtschaft – Liebe – Freundschaft nur bilden können" (S. 15, Z. 22 ff.). Madelons und Oliviers Beziehung bleibt von diesem Misstrauen unangetastet. Ihre Liebe wirkt gerade im Kontrast zum Hintergrund der Handlung überhöht und beinahe unwirklich (vgl. S. 69, Z. 23 ff.).

Das Verhältnis zwischen Olivier und Madelon

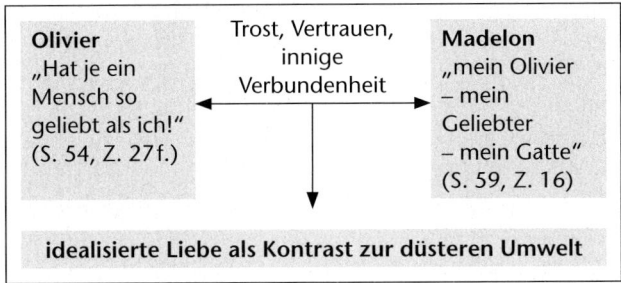

Fräulein von Scuderi ist von Madelons Schilderung gerührt und geneigt, an die Unschuld Oliviers zu glauben. Sie zieht Erkundigungen bei den Nachbarn ein, um Madelons Bericht zu überprüfen, und forscht nach einem Motiv Oliviers für den Mord an seinem Meister und künftigen Schwiegervater. Sie findet weder Belege dafür, dass Olivier mit Cardillac im Streit gelegen hat, noch dafür, dass Olivier zu unbeherrschtem Verhalten neigt. Scuderi gelangt zu der Überzeugung, dass Olivier kein Motiv für den Mord gehabt hat, und glaubt fest an seine Unschuld. Sie nimmt sich vor, sich für seine Rettung einzusetzen. *(Detektivische Tätigkeiten Scuderis)*

Fräulein von Scuderis Überzeugung, Olivier sei unschuldig, fußt einerseits auf ihrer Intuition: Sie hält Madelon und Olivier für glaubwürdig und ist von ihrem Schicksal und ihrer Liebe angerührt. Diesen beiden Menschen traut sie nichts Böses zu. Andererseits stellt sie aber auch Nachforschungen an, die schließlich ihr Gefühl bestätigen.

Cardillacs Tod stellt den Höhepunkt der Novelle dar. Bis zu diesem Punkt hat sich die Handlung zugespitzt: der nächtliche Eindringling, Cardillacs rätselhafter Auftritt und sein Geschenk an Scuderi, die Warnung, den Schmuck zum Goldschmied zurückzubringen. Diese Etappen markieren die steigende Handlung. *(Höhepunkt der Novelle: Tod Cardillacs)*

Fräulein von Scuderi setzt sich für Oliviers Freilassung ein. Ihre Stellung als Adelige und ihr hohes Ansehen ermöglichen ihr den Zugang zu den Kreisen, die über Oliviers Schicksal entscheiden. Die erste Station führt Scuderi zu la Regnie, dem Präsidenten der Chambre ardente.

Scuderi schildert dem Präsidenten alles, was sie zu Oliviers Gunsten vorbringen kann. La Regnie ist von Scuderis Ausführung jedoch unbeeindruckt. Entgegen den Gepflogenheiten informiert er sie über den Stand des Prozesses. Gegen Olivier sprechen aus Sicht des Gerichts verschiedene Umstände, die er dem Fräulein erläutert: Die Mordwaffe hat man in Oliviers Zimmer gefunden. Die Darstellung Oliviers, was sich am Abend zugetragen hat, wirkt unglaubwürdig. Das Gericht bezweifelt aufgrund von Aussagen der Nachbarn und Hausbewohner, dass Cardillac nach neun Uhr das Haus noch einmal verlassen hat, so kann er nicht, wie Olivier behauptet, gegen Mitternacht auf der Straße von einem Unbekannten überfallen worden sein.

Historischer Hintergrund: Justizreform der Aufklärung

Die Anklage gegen Olivier beruht also auf einer Kette von Indizien (Verdachtsmomente, keine Beweise). Die Justizreform der Aufklärung[1] hatte das Indizienverfahren ebenso wie das sachliche Verhör und die Ocularinspektion (Betrachtung mit bloßem Auge) als Ermittlungsmethoden etabliert. Die Ergebnisse eben solcher rationaler Verfahren und Untersuchungsmethoden lassen den Unschuldigen Olivier schuldig erscheinen. La Regnies Ausführungen wirken sachlich und überzeugend, sie beruhen auf den Ermittlungen Degrais' vor Ort, der Befragung von Zeugen und der Untersuchung der Todesverletzungen und der Tatwaffe.

Versagen rationaler Ermittlungsmethoden im Fall der Juwelenmorde

Das Rätsel um den Goldschmied Cardillac entzieht sich aber einer systematischen, kriminalistischen Untersuchung. Angesichts seiner irrationalen Verbrechen sind die Methoden, die aus der Justizreform der Aufklärung hervorgegangen

---

[1] Vgl. Conrad (1974), S. 109ff. (Textausgabe S. 110ff.)

sind, wirkungslos. Am Ende erfährt der unschuldig Verdächtige nur durch Einmischung des Königs Gerechtigkeit (vgl. Abschn. 7). Gerade dieses Mittel, das sogenannte Majestätsrecht, wurde in der preußischen Justizreform stark bekämpft. Indem der Erzähler die Grenzen der rationalen Ermittlungsmethoden im Fall Oliviers aufzeigt, bringt er seine Skepsis gegenüber diesen Methoden, die die Justizreform der Aufklärung im Strafrecht verankert hat, zum Ausdruck.

Skepsis des Erzählers

Als Motiv für den Mord nennt la Regnie das Vermögen Cardillacs. Im absolutistischen[1] Strafrechtssystem war es üblich, sich auf die Feststellung des Tatbestandes zu konzentrieren, hier auf den Mord an Cardillac. Die Beweggründe des Täters, die Geschichte des Verbrechens spielten keine Rolle.[2] So behandelt la Regnie die Frage nach dem Motiv nur oberflächlich. Als künftiger Schwiegersohn hätte Olivier ohnehin früher oder später das Vermögen des Goldschmieds bekommen, Geldgier als Antrieb für die Tat anzunehmen, scheint demnach nicht sonderlich überzeugend. Für la Regnie steht die Schuld des Angeklagten aber fest, denn alle Umstände, die für die Unschuld Oliviers sprechen, ignoriert er (vgl. S. 43, Z. 4ff.). Scuderis „Ermahnungen, wie jeder Richter nicht der Feind des Angeklagten [zu] sein" (S. 42, Z. 39f.), sondern auf Entlastendes zu achten, bleiben wirkungslos.

La Regnie fährt mit einer Reihe von Verdächtigungen fort: Olivier soll der Bande von Juwelendieben angehören und demnach noch für zahlreiche andere Verbrechen verantwortlich sein. Unterstützt wird diese Vermutung dadurch, dass es seit Oliviers Verhaftung keine Morde und Überfälle mehr gegeben hat. Um Einzelheiten über die Serie von Juwelenmorden zu erfahren, droht la Regnie Olivier die Folter an. Schließlich verdächtigt er auch Madelon, in das Mordkomplott verstrickt zu sein.

---

[1] Absolutismus: Staatsform, bei der alle Macht beim König liegt

[2] Vgl. zum juristisch-historischen Hintergrund Freund (1980), S. 43ff. (Textausgabe S. 113ff.)

Scuderis abschließender Appell „Seid menschlich" (S. 46,
Z. 5) bringt die Inhumanität des Rechtssystems und seines
Vertreters la Regnie auf den Punkt. Am Ende des Gesprächs
vereinbart Scuderi mit dem Präsidenten, dass sie Olivier im
Untersuchungsgefängnis besuchen darf, um sich selbst ein
Bild zu machen. Im Untersuchungsgefängnis erkennt Scuderi in Olivier den Mann, der ihr auf dem Pontneuf den
Zettel in die Kutsche geworfen hat, und den nächtlichen
Eindringling, der ihr das Kästchen mit dem Schmuck gebracht hat, und schließt daraus, dass Olivier zu der Juwelenbande gehören muss. Das bedeutet, dass ihr Gefühl sie getäuscht hat und Olivier und wahrscheinlich auch Madelon
in die Verbrechen verstrickt sind. Die scheinbare Bestäti-
gung, dass sie sich in Olivier und Madelon getäuscht hat,
lässt sie verzweifeln und ihre innere Überzeugung, an das
Gute im Menschen zu glauben, infrage stellen. Madelon
beklagt, dass nun auch Scuderi, ihre einzige Fürsprecherin,
von der Schuld Oliviers überzeugt sei. Ihre Klage weckt erneut Scuderis Zweifel an Oliviers Schuld.

In diesem Augenblick kündigt Baptiste den Besuch Degrais'
an. Degrais kommt im Auftrag la Regnies zu Fräulein von
Scuderi und trägt ihr folgende Bitte vor: Scuderi soll sich
noch einmal mit Olivier Brusson treffen, um mit ihm über
die geheimnisvollen Verbrechen zu sprechen. Die Chambre
ardente vermutet in Olivier nicht nur den Mörder Cardillacs, sondern auch ein Mitglied der Juwelenbande, deren
Verbrechen sie aufklären will. Trotz Androhung der Folter
schweigt Olivier. Allein Fräulein von Scuderi will er seine
Geheimnisse anvertrauen. Scuderi hat Bedenken, lässt sich
aber dennoch auf den Vorschlag ein. Olivier wird in der
Nacht unter strenger Bewachung zu ihr ins Haus gebracht.
Der vierte Abschnitt beleuchtet verschiedene Aspekte, die
für die gesamte Novelle wichtig sind:

- Wiederum kommt das Motiv des Geheimnisvollen,
  verbunden mit dem Motiv der Ahnung, vor: Madelons

Klagen lassen erneut „die Ahnung eines Geheimnisses" (S. 48, Z. 21) in Fräulein von Scuderi aufsteigen.

- Zudem wird Olivier als Geheimnisträger vorgestellt, der nur Scuderi in sein Geheimnis einweihen will (vgl. Abschn. 5).
- Der Abschnitt zeigt die fragwürdige Rolle der Justiz am Beispiel des Gerichtspräsidenten (Gespräch mit Scuderi)[1] und am Beispiel Degrais' (Verhaftung Oliviers).
- Wesentliche Facetten der Titelfigur werden veranschaulicht: ihre Rolle als mütterliche Beschützerin (Madelon) und ihre Rolle als Detektivin[2] (Nachforschungen in Oliviers Umfeld).
- Rückblenden erfüllen innerhalb der Novelle eine wichtige Funktion, denn sie enthüllen Schritt für Schritt die Hintergründe des Verbrechens (vgl. Abschn. 5).

Fünfter Abschnitt: Oliviers Erzählung (S. 50–70)

Der folgende Abschnitt umfasst das Gespräch zwischen Olivier und Fräulein von Scuderi. Für die Lösung des Kriminalfalls ist Oliviers ausführlicher rückblickender Bericht wichtig, denn er beantwortet die Frage, wer die Juwelenmorde begangen hat, klärt die Motive des Täters und die Umstände von Cardillacs Tod auf und beleuchtet Oliviers Rolle dabei.

Umfangreiche Binnenerzählung Oliviers

Der Rückblick besteht aus mehreren Passagen, den erzähltechnischen Rahmen bildet das Gespräch Oliviers mit Fräulein von Scuderi. Innerhalb der Erzählung Oliviers werden verschiedene Zeitebenen der Handlung berührt: die Zeit vor Cardillacs Geburt, in der die Wurzeln des Verbrechens liegen, die Kindheit Oliviers und seine Zeit als Geselle bei Cardillac, während der er Zeuge der Verbrechen wird.

Zeitebenen: Scuderi-Geschehen (Erzählgegenwart), Oliviers Geschichte (Erzählvergangenheit 1), Cardillacs Geschichte (Erzählvergangenheit 2)

---

[1] Vgl. aspektgeleitete Analyse, S. 102ff.
[2] Vgl. zum Aspekt des Detektivischen S. 70ff.

Oliviers Erzählung: Das Prinzip der Rahmung und die Zeitebenen

> **Rahmen 1:** Gespräch zwischen Fräulein von Scuderi und Olivier *(Erzählgegenwart)*
>
> eingeschoben:
>
> > **Rahmen 2:** Oliviers Geschichte *(Erzählvergangenheit 1)*
> >
> > eingeschoben:
> >
> > > Cardillacs Geschichte *(Erzählvergangenheit 2)*

Funktion:
Vermittlung und Abgrenzung von Rahmen- und Binnenhandlung durch neu eingefügte Erzählerinstanzen

Oliviers Kindheit und Jugend

Zu Beginn des Gesprächs enthüllt Olivier Fräulein von Scuderi seine Familienverhältnisse. Er ist der Sohn von Anne Guiot, der Pflegetochter Scuderis. In seiner frühen Kindheit hat er viel Zeit bei Fräulein von Scuderi verbracht. Seine Eltern sind dann mit ihm nach Genf gezogen, in die Heimatstadt seines Vaters, wo sie in großer Armut gelebt haben. Die Hoffnungen seiner Eltern, dort ein gutes Auskommen zu finden, haben sich nicht erfüllt. Sie sind kurz nacheinander gestorben, als Olivier eine Lehrstelle bei einem Goldschmied angetreten hat, den er bald in seiner Kunst übertroffen hat. Später hört er von einem Goldschmied namens Cardillac, dem Besten seiner Kunst, und geht nach Paris zu ihm in die Lehre.

Oliviers Begegnung mit Cardillac

Olivier Brusson schildert seine erste Begegnung mit Cardillac, die häuslichen Verhältnisse des Goldschmieds und beschreibt die Umstände, die dazu geführt haben, dass er das Geheimnis seines Meisters erfahren hat.

In Cardillacs Umgang mit Olivier zeigen sich wesentliche Merkmale der Figur. Für die Charakterisierung Cardillacs sind diese Passagen also von Interesse. Der berühmte

Goldschmied wirkt auf Olivier unheimlich und geheimnisvoll (vgl. S. 54, Z. 18 f.). Auf seine Tochter Madelon achtet er sehr. Für sie wünscht er sich einen standesgemäßen Ehemann. Olivier bietet aus seiner Sicht keine ausreichende finanzielle Absicherung für Madelon, so kommt er für Cardillac nicht als Bräutigam seiner Tochter infrage. Als Cardillac erfährt, dass Olivier und Madelon verliebt sind, wird er aufbrausend und aggressiv und wirft Olivier auf der Stelle hinaus.

Wie auch Fräulein von Scuderi in ihrer ersten Begegnung mit Cardillac nimmt Olivier das Geheimnisvoll-Unheimliche wahr, das den Goldschmied umgibt. Das Motiv der funkelnden Augen (vgl. S. 54, Z. 18) unterstreicht diese Züge des Goldschmieds.

Als Nächstes beschreibt Olivier, wie er Cardillacs Geheimnis entdeckt hat.[1] Olivier wird Zeuge, wie Cardillac eines Nachts durch einen Geheimgang aus dem Haus schleicht, einen Mann überfällt und erdolcht.

Cardillac entlässt Olivier, nachdem er erfahren hat, dass sich Madelon und Olivier lieben

Das Motiv der funkelnden Augen

Entdeckung des Geheimnisses

Die Oper „Cardillac" von Paul Hindemith, Szenenfoto aus der Aufführung an der Wiener Staatsoper (2010)

---

[1] Diese längere Passage des Rückblicks wird anstatt im Perfekt im Präsens wiedergegeben, um die Lesbarkeit zu verbessern.

Der Erzähler gestaltet diese Szene mit sprachlichen Mitteln, die den unheimlichen Charakter der nächtlichen Vorkommnisse unterstreichen und eine bedrohliche Atmosphäre schaffen. Zunächst ist da die Gestaltung der Rahmenbedingungen: die nächtliche Stunde („Mitternacht", S. 55, Z. 29), die Dunkelheit und die geheimnisvolle Beleuchtung (vgl. S. 55, Z. 28, Z. 37; S. 56, Z. 7), der geheime Gang (vgl. S. 55, Z. 36ff.), aus dem eine unbekannte Gestalt heraustritt. Solche erzählerischen Elemente kennt der Autor Hoffmann aus dem Genre des Schauerromans. Die Reaktion des Beobachters Olivier schildert der Erzähler ebenfalls anschaulich: Angst und Grauen überfallen Olivier, als seien es lebendige Wesen (vgl. S. 56, Z. 9f.). Der Goldschmied erscheint seinem Gesellen wie ein Gespenst (vgl. S. 56, Z. 11f.), das gesamte Geschehen wie ein „Spuk" (S. 56, Z. 13). Durch diese Wortwahl unterstreicht der Erzähler die unheimliche Atmosphäre der Szene. Kraft und Schnelligkeit, mit denen Cardillac sein Opfer überfällt, verleihen dem Täter etwas Raubtierhaftes; der Erzähler vergleicht ihn mit einem Tiger bei der Jagd (vgl. S. 56, Z. 22).

Olivier schreit auf und springt dem Verwundeten zu Hilfe; Cardillac erkennt Olivier und verschwindet. Um sicherzugehen, dass Olivier ihn nicht verrät, macht ihm der Goldschmied am nächsten Morgen ein Angebot: Der Geselle kann seine Arbeit bei ihm wieder aufnehmen und darf Madelon heiraten. Olivier reagiert mit Entsetzen auf Cardillacs Bosheit, seine Liebe zu Madelon lässt ihn jedoch schweigen.

Das Verhältnis zwischen Olivier und Cardillac

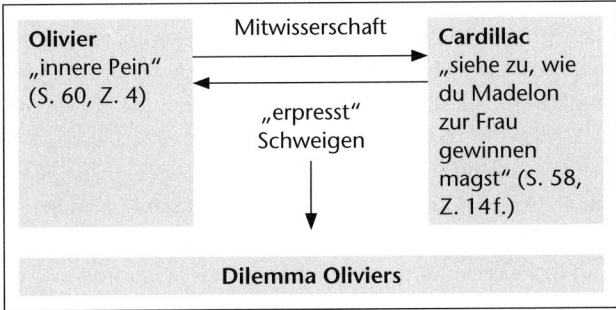

Bisher ist für den Leser und die Figuren unklar, warum Cardillac ein Doppelleben führt. In einem Gespräch enthüllt er Olivier seine Beweggründe.

Seine Besessenheit von Edelsteinen erklärt Cardillac mit einem vorgeburtlichen Trauma (starke seelische Erschütterung): Als Cardillacs Mutter schwanger ist, lässt sie sich, angezogen von seinem kostbaren Schmuck, mit einem Mann ein. Während sie in seinen Armen liegt, greift sie nach den edlen Steinen. In diesem Augenblick bricht ihr Liebhaber tot zusammen. Von diesem Moment an ist Cardillacs Sucht nach Edelsteinen angelegt. Das Erlebnis der Mutter hat sich auf das ungeborene Kind unabänderlich ausgewirkt und prägt sein Verhalten.

Der Erzähler beschreibt in diesem Abschnitt, wie die Juwelen des Mannes die Aufmerksamkeit der Mutter erregen: Es ist der Glanz, ihr Funkeln, was die Mutter anzieht, was ihren Blick fesselt (vgl. S. 61, Z. 23 f.). Mithilfe dieses sprachlichen Motivs illustriert der Erzähler die Anziehungskraft der Steine, beispielsweise in folgenden Wendungen: „blitzende[ ] Juwelenkette", S. 61, Z. 23; „funkelnde[ ] Steine[ ]", S. 61, Z. 25; „im Glanz der strahlenden Diamanten", S. 61, Z. 30 f. Das Motiv des Glänzenden und Funkelnden weist über die konkreten Edelsteine hinaus, es lässt sie der Mutter wie ein „überirdisches Gut" (S. 61, Z. 26) erscheinen und

Cardillacs Geschichte: die psychologische Dimension des Verbrechens (Trauma)

Das Motiv des Glänzenden und Funkelnden:

Anziehungskraft der Steine

ihren Träger als „ein Wesen höherer Art, de[n] Inbegriff aller Schönheit" (S. 61, Z. 31 f.).

Das Funkeln der Edelsteine steht im Zusammenhang mit dem unheilvollen Erlebnis der Mutter. Auch an anderen Stellen der Handlung tritt das Motiv auf, wobei es sich nicht immer auf Schmuck (vgl. S. 25, Z. 6; S. 34, Z. 18 f.) bezieht, sondern auch auf die Augen der Figuren, die durch das Funkeln gefährlich und unheimlich wirken. So funkeln die Augen des unbekannten Eindringlings (vgl. S. 9, Z. 4) und Cardillacs „funkelnde[] Augen" (S. 28, Z. 12; S. 54, Z. 18) verweisen wie ein Signal auf das Unheimliche, die dunkle Seite seines Charakters.

das Gefährliche und Unheimliche einer Figur

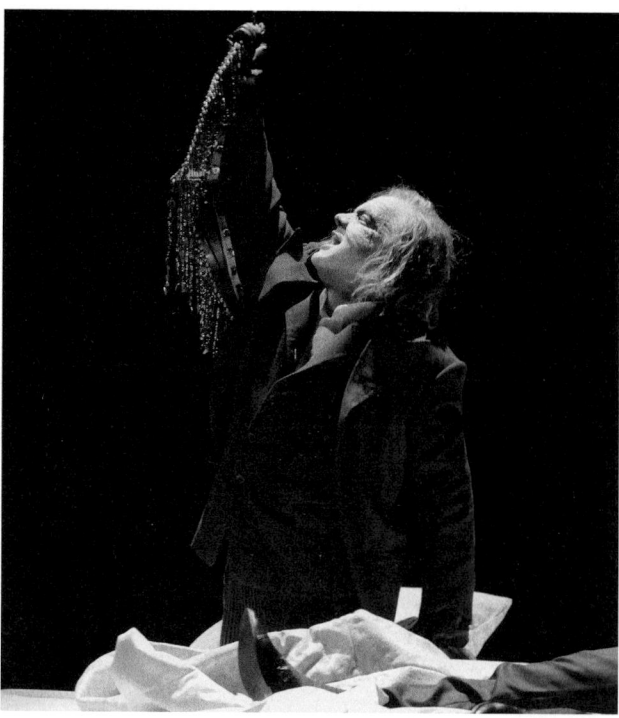

René Cardillac, Oper von Paul Hindemith, Szenenfoto aus der Aufführung der Dresdner Semperoper (2009)

Der „angeborne Trieb" (S. 62, Z. 34) zeigt sich in der Kindheit darin, dass sich Cardillac von Edelsteinen und Gold angezogen fühlt. Um mit diesen Materialien umgehen zu können, wählt er den Beruf des Goldschmieds. Die von ihm gefertigten Schmuckstücke raubt er von den Kunden zurück, da ihn eine große Unruhe überfällt, sobald er den Schmuck aus der Hand gibt. Später findet er nur noch inneren Frieden, wenn er den Besitzer auch ermordet. Cardillac weiß um seinen Mordtrieb, kann ihn aber nicht beherrschen. Ein geheimer Gang, der aus seinem Haus durch eine Mauer auf die Straße führt, hilft Cardillac dabei, seine Morde unentdeckt auszuführen.

Mithilfe Cardillacs Geschichte entfaltet der Erzähler die psychologische Dimension des Verbrechens. Für den Schriftsteller Hoffman ist das Interesse an der seelischen Verfassung seiner Figuren typisch, insbesondere die dunkle Seite, die Nachtseite (s. S. 62) der Charaktere, stellt er in den Mittelpunkt seiner Werke. Im vorliegenden Abschnitt geht es vor allem um die inneren, die seelischen Zustände Cardillacs. Mit anschaulicher Sprache gibt der Erzähler einen Einblick in die Nachtseite dieser Figur und zeigt, mit welcher Kraft sich das Erlebnis der Mutter auf die Seele des Goldschmieds ausgewirkt hat: Cardillacs Wesen und seine Handlungen werden durch das Erlebnis der Mutter bestimmt. Der Erzähler nutzt psychologisches Vokabular („der angeborne Trieb", S. 62, Z. 34), um dieses Phänomen zu beschreiben. Er illustriert die große Macht, die der Trieb auf den Goldschmied ausübt, indem er den Trieb wie ein lebendiges Wesen erscheinen lässt, das vernichtend wirkt und unkontrollierbar ist („und mit Macht wuchs, alles um sich her wegzehrend", S. 62, Z. 35f.). Der Trieb ruft optische („Wie ein Gespenst stand Tag und Nacht die Person, für die ich gearbeitet, mir vor Augen", S. 63, Z. 1f.) und akustische Halluzinationen hervor („und eine Stimme raunte mir in die Ohren", S. 63, Z. 3f.). Indem er solche

Hoffmanns Blick auf die dunkle Seite des Menschen

Differenzierte Schilderung innerer Vorgänge durch kraftvolle und bildreiche Sprache

seelischen Symptome beschreibt, vermittelt der Erzähler, in welch hohem Maß der Goldschmied von dem triebhaften Verlangen nach Edelsteinen gequält und wie er schließlich zu den Morden getrieben wird (vgl. S. 63, Z. 15 ff.).

Das Unheimliche und Unbegreifbare als Thema der „Schwarzen Romantik"

Eine solche Auseinandersetzung mit den Nachtseiten des Menschen, mit dem Unheimlichen, das ihn bedroht, mit Phänomenen wie Wahnsinn und Krankheit, spielt in der „Schwarzen Romantik", einer Strömung innerhalb der literarischen Romantik, eine große Rolle. Darin zeigt sich die Annahme der Romantiker, dass nicht alle Erscheinungen mit rationalen Mitteln erklärbar sind. Dies widerspricht der Vernunftgläubigkeit der Aufklärer, von der sich die Romantiker abgrenzen. Auch Cardillacs Verbrechen bleiben schließlich unbegreiflich, sind mit Mitteln der Vernunft nicht erklärbar. Da das Tatmotiv und seine psychologischen Hintergründe aufgedeckt werden, nimmt diese Passage eine besondere Rolle innerhalb der Erzählung Oliviers ein. Dies unterstreicht auch die Wahl der erzähltechnischen Mittel, denn die Umstände, mit denen Cardillacs Verbrechen begründet werden, werden mit Worten Cardillacs in der Ich-Form vermittelt. Diese Passage hebt sich dadurch von den übrigen des Rückblicks ab.

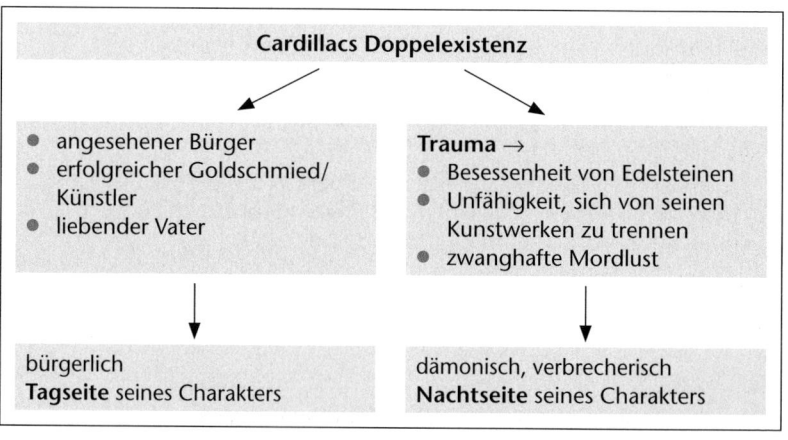

Cardillacs Doppelexistenz

- angesehener Bürger
- erfolgreicher Goldschmied/ Künstler
- liebender Vater

Trauma →
- Besessenheit von Edelsteinen
- Unfähigkeit, sich von seinen Kunstwerken zu trennen
- zwanghafte Mordlust

bürgerlich
Tagseite seines Charakters

dämonisch, verbrecherisch
Nachtseite seines Charakters

Olivier beschreibt als Nächstes die Umstände, die zu seinem nächtlichen Eindringen ins Haus der Scuderi geführt haben, und den Mord an Cardillac[1]: Der Goldschmied berichtet Olivier gut gelaunt von der Zusammenkunft von Scuderi und dem König bei der Marquise de Maintenon. Er zitiert Scuderis Ausspruch über die Liebhaber und schwärmt von ihrer Tugendhaftigkeit, die seinen „bösen Stern" überstrahle. Cardillac hofft, seine zwanghafte Mordlust zu überwinden, indem er Scuderi kostbaren Schmuck schenkt (vgl. S. 65, Z. 34 ff.). Deshalb beauftragt er Olivier, Scuderi den Schmuck im Namen der Juwelenbande zu bringen. Eine Nachricht mit dem Zitat legt er bei. Das Motiv bzw. der Ausspruch über die Liebhaber taucht hier wieder auf und verbindet die Cardillac-Geschichte mit der Scuderi-Geschichte, da der Goldschmied den Spruch für seine Zwecke nutzt – er schützt ihn vor einer noch intensiveren Verfolgung. Mit dem Auftrag Cardillacs verweist der Erzähler auf den Beginn der Novelle. Oliviers Schilderungen beantworten die Fragen, die sich nach der Lektüre des ersten Abschnitts stellen (vgl. Abschn. 1).

Cardillacs Verehrung für Scuderi

Cardillacs Versuch, seine zwanghafte Mordlust zu überwinden

Verbindung zwischen Cardillac- und Scuderi-Handlung

Das Verhältnis zwischen Cardillac und Scuderi

Cardillac	Hoffnung, Mordtrieb zu überwinden	Scuderi
„welche tiefe Verehrung ich für Eure Tugend, für Eure hohen Verdienste im Herzen trage" (S. 33, Z. 6 ff.)	Ahnung eines dunklen Geheimnisses	„nun hat selbst Cardillacs Betragen […] etwas sonderbar Ängstliches und Unheimliches" (S. 34, Z. 19 ff.)

---

[1] Auch diese Passage des Rückblicks wird im Präsens wiedergegeben.

Ereignisse in der
Todesnacht
Cardillacs

Als Olivier erkennt, dass Cardillac wieder unter dem Einfluss des „bösen Sterns" steht, sieht er Fräulein von Scuderis Leben in Gefahr und warnt sie mit der Nachricht, den Schmuck unter einem Vorwand zu Cardillac zurückzubringen. Am Abend folgt er dem Goldschmied aus dem Haus, um ihn an einem neuen Verbrechen zu hindern. Bei Scuderis Haus kommt ein Offizier des Weges, auf den sich Cardillac stürzt. Der Offizier wehrt den Angriff des Goldschmieds ab, verletzt ihn mit einem Dolch und verschwindet. Olivier trägt den Verletzten nach Hause.

Es folgen die Ereignisse, die zu Oliviers Verhaftung führen. Sein Dilemma besteht darin, dass er den Mordverdacht gegen sich selbst nicht zerstreuen kann, ohne Cardillacs Geheimnis zu verraten. Um Madelon zu schützen, schweigt er und bringt sich selbst in die Gefahr, für ein Verbrechen verurteilt zu werden, das er nicht begangen hat.

Das Motiv
der Ahnung

Das Treffen mit Scuderi endet und Olivier wird zurück ins Gefängnis gebracht. Das Motiv der Ahnung tritt wieder auf: Scuderi sieht nach dem Gespräch mit Olivier ihre „dunklen Ahnungen" (S. 70, Z. 6) bestätigt. Dieses Motiv wird zusammen mit Adjektiven wie „dunkel[]" (S. 34, Z. 22), „unheimlich[]" (S. 35, Z. 3) und „furchtbar[]" (S. 38, Z. 15) verwendet. Dadurch erhalten die Ahnungen und die Verhältnisse, auf die sie sich beziehen, einen furchterregenden Charakter.

Insgesamt hat der fünfte Abschnitt der Novelle für den Kriminalfall eine besondere Bedeutung:

- Die Erzählung Oliviers klärt die Verbrechen auf: Cardillac ist der Juwelenmörder. Das zentrale Geheimnis ist damit enthüllt.
- Die psychologische Dimension der Verbrechen (vorgeburtliches Trauma) wird entfaltet.
- Oliviers Erzählung bestätigt Scuderis Intuition und das Ergebnis ihrer bisherigen Nachforschungen, dass Olivier unschuldig ist; die entscheidenden Informa-

tionen zur Lösung des Falls erhält sie aber nicht durch detektivisches Geschick, sondern durch ihre Rolle als Vertraute des Verdächtigen.

Sechster Abschnitt: Scuderis Einsatz für Olivier (S. 70–74)

Scuderi ist fest entschlossen, sich für Oliviers Rettung einzusetzen, und überlegt, wie das gelingen könnte. Schließlich schreibt sie einen Brief an la Regnie. La Regnies Antwort fällt negativ aus.

Als Nächstes wendet sich Scuderi an einen Rechtsgelehrten, den Anwalt Pierre Arnaud d'Andilly. Er gibt ihr wichtige Ratschläge. Fräulein von Scuderis Vorhaben, sich direkt an den König zu wenden, redet er ihr aus. Erst wenn es möglich sei, den Verdacht gegen Olivier zu zerstreuen, solle sie beim König vorsprechen.

Am Abend nach der Unterredung bei d'Andilly erhält Scuderi die Informationen, die sie dafür benötigt. Sie bekommt Besuch von einem Oberst, dem Grafen Miossens. Er ist der Mann, der Cardillac niedergestochen hat. Miossens kann also bezeugen, dass Olivier Cardillac nicht ermordet hat. Der Graf berichtet Scuderi von den Umständen, die zu Cardillacs Tod geführt haben: Miossens hat bei Cardillac Schmuck in Auftrag gegeben. Ihm ist aufgefallen, dass der Goldschmied sehr unruhig gewesen ist, als er den Schmuck zu seinem Auftraggeber gebracht hat. Außerdem hat Cardillac wissen wollen, für wen der Schmuck bestimmt sei, und hat sich bei Miossens' Kammerdiener erkundigt, wann der Graf die Frau, für die der Schmuck bestimmt war, für gewöhnlich besucht. Das hat dazu geführt, dass der Graf Cardillac verdächtigt hat, der Juwelenmörder zu sein. Um sich vor seinem Angriff mit dem Dolch zu schützen, hat er einen Brustpanzer angelegt, denn dem Offizier ist nicht entgangen, dass alle Opfer auf dieselbe Art getötet worden sind: mit einem Stich direkt ins Herz. Als Cardillac ihn ange-

Miossens' Aussage als Entlastung Oliviers

griffen hat, hat der Brustpanzer den Grafen geschützt. Miossens hat dann selbst zum Dolch gegriffen und den Goldschmied erstochen.

Auf die Frage Scuderis, warum Miossens seine Tat nicht angezeigt habe, antwortet er, dass er nicht in einen Prozess der Chambre ardente verwickelt werden wollte, die für ihr rücksichtsloses Vorgehen berüchtigt sei. Auch seine adelige Herkunft hätte ihn nicht vor unrechtmäßiger Verfolgung schützen können. Im Zuge der Giftmorde sind selbst Vertreter des hohen Adels unschuldig verurteilt worden. Außerdem bezweifelt Miossens, dass das Gericht ihm geglaubt hätte, wenn er den angesehenen Goldschmied Cardillac als Mörder angeklagt hätte. Um keinen Preis ist Miossens bereit, vor Gericht seine Aussage zu wiederholen. Er hofft aber, dass Scuderi die Informationen nutzen kann, um Olivier zu helfen.

Überführung des Täters nicht durch detektivische Ermittlungen Scuderis
Scuderi hat den wahren Täter nicht durch detektivische Ermittlungen festgestellt, vielmehr ist sie selbst überrascht über die Enthüllungen Miossens'. Ihre zweifache Aufforderung („Redet, o redet", S. 73, Z. 3) zeigt, wie begierig sie ist, seine Geschichte zu hören. Ihr Ausruf „Um aller Heiligen willen, Ihr – Ihr!" (S. 73, Z. 7 f.) unterstreicht ihr Erstaunen darüber, dass Miossens Cardillac getötet hat. Weil der Oberst aus gutem Grund (vgl. Abschn. 2 und 4) kein Vertrauen in die Justiz setzt und Fräulein von Scuderi dagegen für glaubwürdig hält, wendet er sich an sie. Es sind also nicht die Qualitäten eines klassischen Detektivs, die ihr den Zugang zu den wichtigen Informationen eröffnen. Wenn einer detektivisches Gespür an den Tag legt, so ist es Miossens, denn er kommt dem Goldschmied auf die Schliche, indem er aus dessen merkwürdigem Verhalten und dessen auffälligen Fragen die richtigen Schlüsse zieht.

Die Aussage des Grafen ermöglicht Scuderi, mit juristischen Mitteln den Verdacht gegen Olivier zu erschüttern (vgl. Abschn. 7). Der sechste Abschnitt verdeutlicht endgültig, dass die Fäden des Falls bei Fräulein von Scuderi zusammenlaufen. Sie steht im Zentrum der Handlung:

- Cardillac verehrt sie und hofft aufgrund ihrer Würde und Tugendhaftigkeit seine zwanghafte Mordlust zu überwinden, deshalb erhält sie das Kästchen mit dem Schmuck (vgl. Abschn. 1 und 5).
- Olivier, der Cardillacs Geheimnis teilt und Sohn von Scuderis Pflegetochter ist, hofft mithilfe von Scuderi einen Ausweg aus seinem Dilemma zu finden (vgl. Abschn. 5).
- Madelon findet bei Scuderi Schutz (vgl. Abschn. 4).
- Miossens ist neben Cardillac und Olivier ein weiterer Geheimnisträger, er wendet sich mit seiner Aussage an Scuderi, damit sie diese zugunsten des Verdächtigen nutzen kann (vgl. Abschn. 6).

Siebenter Abschnitt: Ein gutes Ende für Olivier und Madelon (S. 74–83)

Fräulein von Scuderi holt erneut den Rat des Rechtssachverständigen d'Andilly ein. Mit ihm entwickelt sie eine Strategie, Olivier zu helfen. D'Andilly analysiert, nachdem Scuderi ihn über alles informiert hat, den Fall. Er stellt fest, dass Olivier auf gewöhnlichem Wege nicht zu retten sei, da dieser Cardillac nicht verraten will. Und selbst wenn Cardillacs Verbrechen auf andere Weise ans Tageslicht kommen sollten, würde Olivier als Mitwisser zum Tod verurteilt werden. D'Andilly schlägt folgendes Vorgehen vor: Ziel ist es, bei Gericht einen Aufschub zu bewirken. Um diesen zu erreichen, soll der Graf Miossens ins Untersuchungsgefängnis gehen und Olivier als den Mann identifizieren, der in der Nacht die Leiche Cardillacs weggeschafft hat. Aufgrund seiner Aussage wird Olivier noch einmal zu den Ereignissen der Nacht befragt, die Folter wird ausgesetzt und weitere Nachforschungen werden angestellt. Dann soll Fräulein von Scuderi beim König vorsprechen. Der Rechtsanwalt empfiehlt, dem

Juristische Strategien

König das ganze Geheimnis zu enthüllen. Oliviers Glaub-
würdigkeit wird durch Miossens' Aussagen und mögliche
Nachforschungen in Cardillacs Haus (Geheimgang, geraub-
ter Schmuck) gestärkt. Was d'Andilly vorhersagt, tritt ein.
Nun ist es an Fräulein von Scuderi, sich an den König zu

Scuderis wirkungsvoller Auftritt beim König wenden. Sie plant ihren Auftritt genau, indem sie Kleidung
und Schmuck mit Bedacht wählt und auch den Zeitpunkt
ihres Erscheinens in den Gemächern der Maintenon. Sie
kleidet sich mit einer schwarzen Seidenrobe, einem schwarzen Schleier und trägt den Schmuck, den Cardillac ihr zum
Geschenk gemacht hat. „Die edle Gestalt des ehrwürdigen
Fräuleins in diesem feierlichen Anzuge hatte eine Majestät,
die tiefe Ehrfurcht erwecken musste" (S. 76, Z. 24 ff.). Ihre
Erscheinung ruft die beabsichtigte Wirkung hervor und die
Juwelen, die dem König als Cardillacs Werk auffallen, bieten
ihr die Möglichkeit, das Gespräch auf den Goldschmied und
die Umstände seines Todes zu lenken.

Sie erzählt, was sich am Morgen nach Cardillacs Tod bei
seinem Haus zugetragen hat, schildert Madelons Schmerz,
ihr Eingreifen, um die Tochter des Goldschmieds vor Degrais zu retten, und schließlich ihre Unterredungen mit la
Regnie und Olivier Brusson.

Auf den König wirken Fräulein von Scuderis wohlüberlegte
Worte wie gewünscht: Er ist sprachlos, überrascht und beeindruckt von ihrer Erzählung (vgl. S. 77, Z. 13 ff.). Bevor er
über das Gehörte nachdenken kann und erkennt, dass es
um den Prozess gegen Olivier Brusson geht, nutzt Scuderi
seine Verwirrung und bittet ihn eindringlich um Gnade für
ihren Schützling. Sie versucht, ihn von Oliviers Glaubwür-
digkeit zu überzeugen, indem sie auf Miossens' Aussage,
die Untersuchung in Cardillacs Haus und ihre und Madelons innere Überzeugung hinweist.

Einsatz der Kunst Scuderis für die Gerechtigkeit Scuderi setzt hier ihr dichterisches Können dafür ein, Olivier zu helfen, stellt ihre Kunst also in den Dienst der Gerech-
tigkeit. Die Wirkung ihrer Kunst zeigt sich in der Reaktion

des Königs, der „hingerissen [ist] von der Gewalt des lebendigsten Lebens, das in der Scuderi Rede glühte" (S. 77,
Z. 13 ff.). Diese Passage markiert eine Entwicklung im
Künstlertum Scuderis. Bisher hat der Leser erfahren, dass
sie Verse verfasst, die der Unterhaltung ihres Publikums dienen und die ihr die Anerkennung ihrer Leser und Zuhörer
einbringen. Die Bedürfnisse ihrer Mitmenschen nimmt
Scuderi manchmal, da sie stets die Kunst im Sinn hat, nur
am Rande wahr: Statt Cardillacs verstörenden Auftritt erns-
ter zu nehmen, benutzt sie ihn als Vorlage für Verse, die
den Goldschmied der Lächerlichkeit preisgeben. Angelegenheiten der Kunst halten sie davon ab, der dringenden
Warnung rechtzeitig nachzukommen, den Schmuck Cardillac zurückzubringen. Jetzt, beim König, nutzt sie ihre
künstlerischen Fähigkeiten dazu, Gerechtigkeit für Olivier
zu erlangen. Im Unterschied zu Cardillac entwickelt sich
Scuderis Kunstauffassung weiter.

> Weiterentwick-
> lung von Scuderis
> Künstlertum

Die Auseinandersetzung mit Kunst und Künstlertum ist we-
sentlich für die literarische Epoche der Romantik. Nach
Auffassung der Romantiker konnte allein der Künstler mit
seiner Fantasie und seiner Wertschätzung des Gefühls die
Welt und das Leben richtig verstehen. Er steht damit im
Gegensatz zu dem Menschen, der ein bürgerliches, spießi-
ges Leben führt, das stets in den gewohnten Bahnen ver-
läuft. Der Künstler befasst sich mit dem Mystischen, Wunderbaren, mit dem Unbewussten und dem Unendlichen.
Welche Rolle der Künstler in der Gesellschaft spielt und wie
sich das auf sein Inneres auswirkt, thematisieren viele romantische Schriftsteller. Oft sind Künstler die Hauptfiguren
der literarischen Werke. Bei E. T. A. Hoffmann leidet der
Künstler oft an seiner Kunst und lebt von anderen isoliert;
in der Novelle „Das Fräulein von Scuderi" wird er sogar
zum Verbrecher (Cardillac). An der Titelfigur zeigt Hoffmann aber auch, dass Kunst zum Wohle des Menschen
eingesetzt werden kann.

> Kunst als Thema
> der Romantik

Scuderis Rede wird unterbrochen, der König verlässt die Gemächer für kurze Zeit und sie sieht ihren Plan in Gefahr, denn der Überraschungseffekt könnte seine Wirkung durch die Unterbrechung verlieren. Doch die Befürchtungen bewahrheiten sich nicht.

Madelons Auftritt beim König Nach seiner Rückkehr verlangt der König Madelon zu sehen, die sogleich ins Zimmer gerufen wird. Scuderi hat den Wunsch des Königs vorhergesehen und Madelon mitgebracht. Madelons Schönheit beeindruckt den König, ihr Auftritt rührt ihn (vgl. S. 78, Z. 23 ff.). Madelon überreicht ihm ein Schreiben, das Rechtsanwalt d'Andilly vorbereitet hat. Doch bevor der König zu einem Entschluss kommt, lässt er alles Gehörte überprüfen.

Die Nachforschungen des Königs erstrecken sich auf das Haus des Goldschmieds und die Aussagen Miossens' zum Tod Cardillacs. Als diese in der Bevölkerung bekannt werden, ändert sich die Stimmung: Das Volk fordert nun, Olivier Brusson, den es zuvor als schuldig ansah, freizulassen.

Freilassung Oliviers Einen Monat später wird Scuderi in die Gemächer der Maintenon geladen, um den König zu treffen. Dort teilt dieser ihr mit, dass Olivier frei ist. Der König zahlt Madelon **Heirat** 1000 Louis als Mitgift und stimmt einer Heirat mit Olivier zu. Die beiden müssen Paris jedoch nach der Hochzeit verlassen. Olivier und Madelon heiraten kurz darauf und gehen nach Genf.

Scuderis Auftritt beim König

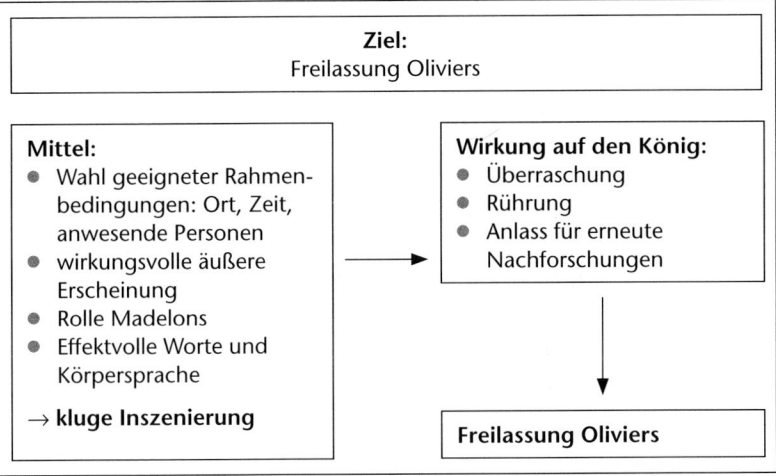

Ziel:
Freilassung Oliviers

Mittel:
- Wahl geeigneter Rahmenbedingungen: Ort, Zeit, anwesende Personen
- wirkungsvolle äußere Erscheinung
- Rolle Madelons
- Effektvolle Worte und Körpersprache

→ **kluge Inszenierung**

Wirkung auf den König:
- Überraschung
- Rührung
- Anlass für erneute Nachforschungen

Freilassung Oliviers

Ein Jahr nach ihrer Abreise wird der von Cardillac geraubte Schmuck an seine Besitzer zurückgegeben. Zu diesem Zweck erscheint eine öffentliche Bekanntmachung des Erzbischofs von Paris und des Parlamentsadvokaten d'Andilly. Darin wird angegeben, ein reuiger Sünder habe der Kirche unter dem Siegel der Beichte einen geraubten Schatz an Juwelen und Geschmeide übergeben (vgl. S. 82, Z. 24–26). Alle, denen bei einem Überfall Schmuck gestohlen worden ist, werden aufgerufen, sich zu melden. Sie erhalten den Schmuck zurück, falls ihre Beschreibung mit Stücken aus dem geraubten Schatz übereinstimmt.

Rückgabe des Schmuckes

Der Schluss der Novelle bietet für die beiden Liebenden auf den ersten Blick ein positives Ende. Durch den künftigen Lebensmittelpunkt verbindet der Erzähler Oliviers Vergangenheit mit der Zukunft: Oliviers Kindheit und Jugend in Genf ist unglücklich verlaufen. Der Blick in die Zukunft am Ende der Novelle zeigt, dass die Liebenden dort ein glücklicheres Schicksal erleben werden. Doch handelt sich es bei Oliviers und Madelons Geschichte nur oberflächlich be-

Glückliches Ende mit Einschränkungen

Freilassung Oliviers

trachtet um ein glückliches Ende, denn Madelon erfährt nichts über die Verbrechen ihres Vaters und die Mitwisserschaft Oliviers. So lässt Olivier seine Braut über wesentliche Aspekte des Falls und auch seine schuldhafte Verstrickung im Unklaren.

Der Kriminalfall ist vordergründig aufgeklärt: Olivier ist als Verdächtiger entlastet; der wahre Mörder ist wenigen Beteiligten bekannt. Er ist tot, die Verbrechensserie damit beendet. Die Geschädigten erhalten, sofern das noch möglich ist, ihr Eigentum zurück. Trotzdem bleibt ein Teil, der sich der Klärung durch den Verstand entzieht. Letztlich ist es unbegreiflich, wie das Erlebnis von Cardillacs Mutter sich so fatal auf die Persönlichkeit des ungeborenen Kindes auswirken konnte, dass dessen Schicksal von diesem Punkt an unabänderlich festgelegt ist und notwendig ins Verderben führt.

Verbrechen Cardillacs: keine restlose Klärung

Hintergründe

Der historische Kontext

Erscheinungsjahr der Novelle 1819

Hoffmanns Novelle „Das Fräulein von Scuderi" ist erstmals 1819 erschienen. Politisch ist diese Zeit in Mitteleuropa geprägt von einer Phase der Restauration mit dem Ziel, die Machtverhältnisse aus der Zeit vor der Französischen Revolution wieder zu etablieren und reformerische und demokratische Bewegungen zurückzudrängen.[1] Die Biografie des Autors ist eng mit diesen politischen Umständen verbunden.

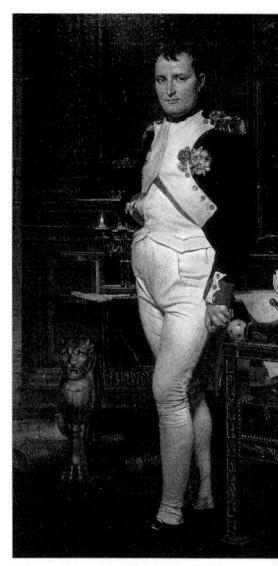

Napoleon übernimmt die Herrschaft in Frankreich 1799 nach einer Zeit unübersichtlicher politischer Verhältnisse (Phase des Terrors, Herrschaft der Jakobiner und Sansculotten), in der viele Errungenschaften der Revolution (z.B. die Menschenrechte) wieder zurückgenommen wurden.

Errungenschaften der napoleonischen Herrschaft

Mit Napoleons Herrschaft bleiben zwar die demokratischen Elemente abgeschafft, die Modernisierung des Staates (Militär, Schulwesen, Finanzen und Wirtschaft) treibt er jedoch voran, u.a. indem er mit dem „Code civil" ein bürgerliches Gesetzbuch schafft, das beispielsweise persönliche Freiheit, Rechtsgleichheit, Privateigentum, zivile Ehe und die Mög-

Napoleon in seinem Arbeitszimmer (Gemälde von Jacques-Louis David, 1812)

---

[1] Vgl. Kremer (2003), S. 22. Die Informationen zum historischen Kontext der Novelle beruhen auf Kremers Darstellung, S. 8–13 und S. 22–23. Im Text sind wegen der besseren Lesbarkeit nur direkte Zitate gekennzeichnet.

lichkeit der Ehescheidung garantiert.

Die napoleonische Expansionspolitik zwingt auch andere europäische Länder, sich mit diesen Grundsätzen auseinanderzusetzen. Die militärischen Konflikte zwischen Frankreich und Preußen/Österreich bzw. Preußen/Russland enden 1807 mit der Niederlage Preußens. E. T. A. Hoffmann erlebt die militärische Niederlage Preußens in seiner Zeit als Regierungsrat im preußischen Warschau. Nach dem

CODE CIVIL

DES FRANÇAIS.

TITRE PRÉLIMINAIRE.

DE LA PUBLICATION, DES EFFETS
ET DE L'APPLICATION DES LOIS
EN GÉNÉRAL.

ARTICLE 1.er

LES lois sont exécutoires dans tout le territoire français, en vertu de la promulgation qui en est faite par le PREMIER CONSUL.

Elles seront exécutées dans chaque partie de la République, du moment où la promulgation en pourra être connue.

La promulgation faite par le PREMIER CONSUL sera réputée connue dans le département où siégera le Gouvernement, un jour après celui de la promulgation ; et dans chacun des autres départemens, après l'expiration du même délai, augmenté d'autant de jours qu'il y aura de fois dix myriamètres [environ vingt lieues anciennes] entre la ville où la

A

Erste Seite der Erstausgabe des „Code civil" (1804)

Einmarsch der Truppen Napoleons 1806 steht Warschau unter französischer Herrschaft. Die neuen Machthaber entlassen zunächst alle preußischen Staatsbeamten und verlangen später einen Eid auf Napoleon und den Code civil. Hoffmann weigert sich, den Eid abzulegen, und verlässt die Stadt in Richtung Berlin.

Niederlage Preußens: Entlassung Hoffmanns aus dem Staatsdienst

Nach dem Frieden von Tilsit 1807 beginnt in Preußen eine Reformpolitik, die sich einerseits an den Errungenschaften der Französischen Revolution und Napoleons Modernisierungen in Politik, Verwaltung, Militär, Wirtschaft, Bildung und Sozialem orientiert, andererseits aber die bestehende feudale und absolutistische Ordnung nicht antastet. Die preußische Reformpolitik ist verknüpft mit Freiherr vom Stein und Karl August von Hardenberg, ihr Träger ist das juristisch ausgebildete Beamtentum, dem neben E. T. A. Hoffmann auch viele andere romantische Schriftsteller angehörten (Novalis, Kleist, Wackenroder, Görres, Arnim, Eichendorff, Uhland, Jacob und Wilhelm Grimm). Auf der

Träger der preußischen Reformpolitik: juristisch ausgebildetes Beamtentum, darunter zahlreiche romantische Schriftsteller

einen Seite sichert die Beamtenlaufbahn ein regelmäßiges Einkommen, auf der anderen Seite bleibt genug Zeit, als Schriftsteller zu arbeiten. Dafür spricht, dass Hoffmann seine literarisch produktivste Zeit im Staatsdienst erlebt.

Wiener Kongress (1815): Restauration

Auf den Zusammenbruch des napoleonischen Reiches 1815 folgt die Phase der Restauration. Auf dem Wiener Kongress (1815) versammeln sich die Herrscher und ordnen Europa neu. Dabei wollen sie die Machtverhältnisse wiederherstellen, die vor der Französischen Revolution be-

Delegierte des Wiener Kongresses, zeitgenössischer Kupferstich

standen haben. Reformerische Bewegungen werden zurückgedrängt. Damit enttäuschen sie die Hoffnungen der Menschen nach einem geeinten Deutschland und demokratischer Beteiligung des Volkes. Vor allem Vertreter des Bildungsbürgertums setzen sich für eine Verfassung und einen Nationalstaat ein. Studenten und Professoren schlie-

Wartburgfest (1817): Forderungen nach einigem und freiem Deutschland

ßen sich in Burschenschaften zusammen, sie treten auf dem Wartburgfest 1817 gemeinsam auf und fordern ein einiges und freies Deutschland. Anlass für den Staat, gegen diese politischen Gegner vorzugehen, bietet die Ermordung des Schriftstellers Kotzebue 1819 durch einen Burschenschaftler.

Zug der Studenten auf die Wartburg 1817, Radierung eines unbekannten Künstlers (19. Jahrhundert)

In den Karlsbader Beschlüssen (1819) werden Maßnahmen festgelegt, die die Zerstörung der unterschiedlichen oppositionellen Bewegungen zum Ziel haben, sie umfassen u. a. die „staatliche Aufsicht der Universitäten, Auflösung der Burschenschaften, […] strenge Zensur der Presse und des Verlagswesens insgesamt, Inhaftierung der Oppositionsführer"[1]. Solche Maßnahmen werden in Preußen koordiniert von der am 1. Oktober 1819 von Friedrich Wilhelm III. einberufenen „Immediat-Kommission zur Ermittlung hochverräterischer Verbindungen und anderer gefährlicher Umtriebe". Dieser Kommission gehört auch E. T. A. Hoffmann an, der zu der Zeit am Königlichen Kammergericht in Berlin arbeitet. Die Kommission hat die Aufgabe, gegen die als „Demagogen" diffamierten politischen Gegner mit aller Härte vorzugehen. Hoffmann lässt sich in seiner juristischen Arbeit nicht von den Zielen der Kommission beeinflussen und erstellt unparteiische Gutachten. Über seine Arbeit in

Karlsbader Beschlüsse (1819): Unterdrückung der liberalen Kräfte

Hoffmanns Tätigkeit in der „Immediat-Kommission"

---

[1] ebd., S. 22

der Kommission schreibt er im Juni 1820 an seinen Freund Hippel: *„Ein ganzes Gewebe heilloser Willkür, frecher Nichtachtung aller Gesetze, persönlicher Animosität."*[1]

Die Novelle „Das Fräulein von Scuderi" ist 1819 kurz vor den Karlsbader Beschlüssen erschienen und wurde oft als Kritik am preußischen Rechtswesen gelesen. Hoffmann zeichnet die Vertreter der Justiz als bösartige und grobe Figuren, die unverhältnismäßig hart gegen Verdächtige vorgehen. Wie die Verbrecher, die sie verfolgen, erscheinen sie dämonisch, werden mit dem Teufel gleichgesetzt (vgl. S. 18, Z. 6 f.). Das maßlose und grausame Vorgehen in der Giftaffäre und bei der Aufklärung der Juwelenmorde lässt die Justiz inhuman und ungerecht erscheinen. Wie Ludwig XIV. verfügte auch der preußische Staat über einen Polizeiapparat, der Gegner hart und willkürlich verfolgte.

Justizkritik in der Novelle „Das Fräulein von Scuderi"

Hoffmanns Lebensstationen

E. T. A. Hoffmann wird am 24. Januar 1776 im preußischen Königsberg geboren.[2] Ursprünglich lautet sein Vorname Ernst Theodor Wilhelm. Seine Bewunderung für Mozart lässt ihn seinen dritten Namen 1804 in Amadeus ändern. Die Eltern trennen sich wenige Jahre nach der Geburt und die Mutter zieht mit ihren Kindern ins Haus der Großmutter. Ab 1782 besucht Hoffmann die reformierte

E. T. A. Hoffmann, Selbstporträt

Lebenslange Freundschaft mit Th. G. Hippel

Schule in Königsberg und befreundet sich dort mit Theodor Gottlieb Hippel. In Königsberg studiert Hoffmann ab 1792

---

[1] Wittkopp-Ménardeau (2010), S. 154, Hervorhebung im Zitat
[2] Die biografischen Informationen beruhen überwiegend auf Wittkopp-Ménardeau (2010). Nur direkte Zitate sind gekennzeichnet.

Jura wie sein Schulfreund Hippel. Nach dem Referendar-Examen 1798 wird Hoffmann nach Berlin versetzt. In der Zwischenzeit hat er sich mit seiner Cousine Minna verlobt.

In Berlin besucht Hoffmann häufig das Theater, nimmt Musikunterricht und widmet sich dem Zeichnen und Schreiben. *„Die Wochentage bin ich Jurist und höchstens etwas Musiker, sonntags am Tage wird gezeichnet und abends bin ich ein sehr witziger Autor bis in die späte Nacht."*[1], schreibt Hoffmann seinem Freund Hippel.

Doppelleben als Jurist und Künstler

Hoffmann und Hippel als „Castor e Pollux", Federzeichnung Hoffmanns (1803)

1800 besteht Hoffmann das Assessor-Examen und wird nach Posen versetzt. Die Verlobung mit Minna wird 1802 gelöst und wenige Monate später heiratet Hoffmann Michaelina Rorer.

Sein Talent als Zeichner und Karikaturist bringt Hoffmann 1802 in Schwierigkeiten. Während des Karnevals kursieren nämlich Karikaturen Hoffmanns, die Würdenträger der Stadt lächerlich machen. Als Folge wird er nach Plock in Neu-Ostpreußen versetzt. Dort komponiert Hoffmann Kirchenmusik, Sing- und Klavierstücke, ist aber unglücklich und fühlt sich isoliert.[2]

Hippel setzt sich erfolgreich für seinen Freund ein, sodass Hoffmann 1804 ins preußische Warschau versetzt wird, wo ihm ein festes und regelmäßiges Einkommen sicher ist.

Auch seinen vielfältigen künstlerischen Talenten kann er dort nachgehen: Er engagiert sich in einer musikalischen Gesellschaft, komponiert und malt. Nicht nur beruflich

---

[1] Wittkopp-Ménardeau (2010), S. 29, Hervorhebung im Zitat
[2] Vgl. Kaiser (2010), S. 99

und finanziell, sondern auch familiär wirkt sein Leben geordnet. Seine Tochter Cäcilia wird geboren. Der Einmarsch der Truppen Napoleons in Warschau 1806 stellt diese Verhältnisse auf den Kopf. Die preußischen Staatsbeamten werden entlassen und Hoffmann übersiedelt ohne Stellung 1807 nach Berlin; im gleichen Jahr stirbt seine Tochter.

Hoffmann in den literarischen Salons Berlins

Mit der Hilfe eines Warschauer Freundes wird Hoffmann in die Berliner Gesellschaft eingeführt. Er verkehrt in literarischen Salons und macht dort die Bekanntschaft berühmter Zeitgenossen, die das geistige Leben ihrer Zeit mitprägen. Er lernt die Philosophen Schleiermacher und Fichte ebenso kennen wie den Schriftsteller Adalbert von Chamisso und den Diplomaten und Historiker Karl August Varnhagen von Ense. Seine Versuche, beruflich Fuß zu fassen, scheitern jedoch.

Finanzielle Probleme

Einen Ausweg aus der finanziellen Misere verspricht ein Engagement als Kapellmeister am Theater in Bamberg, das er 1808 annimmt. Seine Bamberger Zeit dauert bis 1813. Er arbeitet jedoch nur kurz als Kapellmeister, wird Theaterkomponist und erteilt Klavierunterricht, um sich finanziell über Wasser zu halten. Seine erste Erzählung „Ritter Gluck" erscheint 1809 in der anerkannten „Allgemeinen Musikalischen Zeitung". Hoffmann vermerkt dazu in seinem Tagebuch: *„Mei[ne] literarische Carriere scheint beginnen zu wollen."*[1] Im Anschluss an die Zeit in Bamberg beschäftigt sich Hoffmann überwiegend mit der Musik, er komponiert die Oper „Undine", die auch heute noch gespielt wird.[2]

Veröffentlichung der ersten Erzählung „Ritter Gluck" (1809)

Aus Dresden, wo er kurz als Musikdirektor gearbeitet hat, kehrt er aus finanziellen Gründen nach Berlin zurück. Dort ist er, zunächst ohne festes Einkommen, am Berliner Kammergericht tätig. 1816 wird er schließlich zum Kammergerichtsrat ernannt.

---

[1] Wittkopp-Ménardeau (2010), S. 64–65, Hervorhebung im Zitat
[2] Vgl. Kaiser (2010), S. 99

In seiner Zeit als preußischer Beamter ist Hoffmann literarisch sehr produktiv. Tagsüber geht er seiner juristischen Arbeit nach, in seiner freien Zeit ist er als Schriftsteller tätig. Als Schriftsteller berühmt wird er durch die Veröffentlichung des Erzählbandes „Fantasiestücke in Callot's Manier" (1814/15). Besonders „Die Elixiere des Teufels" (1815/16) sowie die Erzählsammlungen „Nachtstücke" (1816/17) und „Serapions-Brüder" (1819–21) tragen zu seinem literarischen Erfolg bei, bringen ihm aber auch den Spottnamen „Gespenster-Hoffmann" ein[1], denn seine Figuren sind oft durch Unheimliches und Unbegreifbares bedroht, sie haben mit geheimnisvollen Vorgängen an unheimlichen Orten zu tun, die von mysteriösen Gestalten ausgeführt werden.

Erfolge als Schriftsteller

„Gespenster-Hoffmann"

1819–1821 ist Hoffmann Mitglied der „Immediat-Kommission zur Ermittlung hochverräterischer Verbindungen und anderer gefährlicher Umtriebe". Seine Erfahrungen als Mitglied der Kommission verarbeitet er satirisch in seiner Erzählung „Meister Floh". Das Manuskript wird beschlagnahmt und gegen Hoffmann ein Disziplinarverfahren eröffnet. Der inzwischen todkranke Schriftsteller erlebt das Ende dieses Prozesses nicht mehr. Er stirbt am 25. Juni 1822 im Alter von 46 Jahren in Berlin.

Hoffmanns Themen

Die „Fantasiestücke in Callot's Manier", Hoffmanns erste Erzählsammlung, sind in vier Bänden zwischen 1814 und 1815 erschienen. Darin greift Hoffmann Themen auf, die auch in späteren Werken eine wichtige Rolle spielen, und entwickelt für sein gesamtes Werk typische Erzählweisen und -strukturen.

Typische Themen und Erzählstrukturen Hoffmanns in den „Fantasiestücken"

---

[1] Vgl. Kaiser, S. 100

„Fantasiestücke in Callot's Manier", Titelblatt, gezeichnet von Hoffmann 1813, gestochen von Carl Frosch

Widerspruch zwischen Künstlerwelt und Alltagswelt

Die unterschiedlichen Erzählungen verbindet thematisch der Widerspruch zwischen der fantasievollen Welt des Künstlers und dem alltäglichen Leben. In vielen Erzählungen beschreibt Hoffmann, welche Gefahr darin liegen kann, wenn sich der Künstler nur in der Fantasiewelt bewegt. Häufig setzt Hoffmann realistische und fantastische Erzählelemente so ein, dass das Verhältnis von Wirklichkeit und Fantastisch-Unheimlichem in einer unaufgelösten Schwebe bleibt"[1] (z. B. in der Erzählung „Ritter Gluck").

Die dunklen Seiten des Lebens behandelt Hoffmann vor allem in der Erzählsammlung „Nachtstücke" (1815–16). Thematische Klammer aller „Nachtstücke" ist das Unheimliche und Unbegreifliche, die den Menschen erschüttern. Damit grenzt sich Hoffmann wie die Romantiker im Allgemeinen von der Aufklärung ab, denn die Romantiker gehen davon aus, dass den Menschen auch solche Seiten ausmachen, die mit den Mitteln des Verstandes nicht begreifbar sind. Solche Seiten, die mit dem hellen Licht der Aufklärung nicht ausgeleuchtet werden können, nennen sie „Nachtseiten". Diesen Begriff macht Gotthilf Heinrich von Schubert in seinem Aufsatz „Ansichten von der Nachtseite der Naturwissenschaft" (1808) populär, er spielt in der romantischen Naturwissenschaft und Medizin eine wichtige Rolle.[2] „Hoffmann ist einer der ersten, der sich für das Unheimliche, Angsterregende, für die sogenannten ‚Nachtseiten' interessiert und dabei erkannt hat, dass die Ansprüche der Gesellschaft auf Unterordnung schwere psychische Deformationen hervorrufen können. Persönlichkeitsspaltung, Doppelgängertum, Identitäts- und Realitätsverlust, Verfolgungswahn usw. sind in Hoffmanns Erzählungen Reaktionsweisen, die anzeigen, dass der gesellschaftliche Integrationsprozess nicht gelungen ist."[3]

„Nachtstücke": Bedrohung des Menschen durch das Unheimliche und Unbegreifbare

---

[1] Kaiser (2010), S. 103
[2] Vgl. Steinecke (1997), S. 102
[3] Deutsche Literaturgeschichte (1994), S. 195

Begegnung mit dem Doppelgänger, aus: „Die Elixiere des Teufels",
Illustration von T. Hosemann

Merkmale der „Nachtstücke" weisen auch andere Werke
Hoffmanns auf, beispielsweise der Roman „Die Elixiere des
Teufels" oder „Die Bergwerke zu Falun" und „Das Fräulein
von Scuderi".

Literaturgeschichtliche Hintergründe

E. T. A. Hoffmanns Werk wird der Epoche der Romantik zugeordnet. Dabei handelt es sich um eine literarische Strömung zwischen ca. 1795 und 1840. Die literarische Romantik ist eine vielschichtige Epoche, sie umfasst unterschiedliche literarische Bewegungen und eine Vielzahl von Autoren – anders als die Weimarer Klassik, die im wesentlichen von Goethe und Schiller geprägt wurde. Um das Vielschichtige der Romantik besser erfassen zu können, wurden verschiedene Versuche unternommen: eine chronologische Einteilung in die Phasen Früh-, Hoch- und Spätromantik oder die Gruppierung nach Freundeskreisen, in denen die Autoren zusammenkamen (beispielsweise der Kreis um die Gebrüder Schlegel); auch eine Einordnung nach den geistigen Zentren ist üblich: So werden die Jenaer, Berliner und Heidelberger Romantik voneinander unterschieden.

Romantik: ca. 1795 – 1840

Systematisierungsversuche

Was die literarische Romantik ausmacht, lässt sich vor dem Hintergrund der Aufklärung verstehen, denn die Romantiker grenzten sich bewusst von der Vernunftgläubigkeit der Aufklärer ab, die sie als einseitig kritisierten. Wenn alles (wissenschaftlich) erklärt wird, gibt es kaum noch Geheimnisse, keinen Platz mehr für Irrationales, Wunderbares und die Fantasie.

Abgrenzung von der Vernunftgläubigkeit der Aufklärung

Wertschätzung der Fantasie, des Wunderbaren und Irrationalen

Der Schriftsteller Friedrich von Hardenberg (1772–1801), der sich auch Novalis nannte, formuliert in seinem Gedicht „Wenn nicht mehr Zahlen und Figuren" (1800) wichtige Leitideen der Romantik: Nicht die Gelehrten er-

Friedrich von Hardenberg, genannt Novalis (1772 – 1801)

kennen, wie die Welt ist und was den Menschen ausmacht, sondern die Künstler, die Gefühl und Fantasie zeigen („Wenn die, so singen und küssen mehr als die Tiefgelehrten wissen").[1]

Theorie der Romantik: „progressive Universalpoesie" (F. Schlegel)

Friedrich Schlegel hat wichtige Schriften zur Theorie der Romantik verfasst. Er nennt die romantische Poesie „eine progressive Universalpoesie", sie will die Grenzen zwischen den verschiedenen Gattungen der Literatur überschreiten und Kunst und Wissenschaft miteinander verbinden und sogar „das Leben und die Gesellschaft poetisch machen".[2] Wie kann man sich diesen Vorgang vorstellen? Der Dichter Novalis schreibt dazu: „Indem ich dem Gemeinen einen hohen Sinn, dem Gewöhnlichen ein geheimnißvolles Ansehn, dem Bekannten die Würde des Unbekannten, dem Endlichen einen unendlichen Schein gebe, so romantisire ich es."[3] Die Alltagswelt wird wiederverzaubert und ins Wunderbare verwandelt.

Gefühl und Fantasie sind zentrale Begriffe in der Romantik. Die Begeisterung für große Gefühle hat die Romantik mit dem Sturm und Drang gemein, auch die Begeisterung für die Natur. In der Romantik wird die Natur oft als Ort des Rückzugs von der geschäftigen Welt verklärt. Die Harmonie des Menschen mit der Natur gilt den Romantikern als Idealzustand. Die Natur kommt auch als religiöse Landschaft vor, in der der Einzelne zu sich selbst findet und dem Göttlichen nahekommen kann. Dementsprechend kann man von einer Naturfrömmigkeit vieler romantischer Schriftsteller reden.

Naturbegeisterung

Zentrale romantische Motive: Sehnsucht, Fernweh, Wandern/Reisen

Die Naturbegeisterung der Romantiker steht in Verbindung mit zentralen romantischen Motiven: der Sehnsucht, dem Fernweh und dem Wandern oder Reisen. Häufig sind die romantischen Helden von einer Sehnsucht erfüllt, sie

---

[1] Vgl. Geschichte der deutschen Literatur (2004), S. 67
[2] Vgl. ebd.
[3] Zit. nach: Kaiser (2010), S. 25 (Rechtschreibung nicht angepasst)

wollen ihr als spießbürgerlich und langweilig empfundenes Leben hinter sich lassen und in die Ferne aufbrechen:

„Wem Gott will rechte Gunst erweisen,
Den schickt er in die weite Welt,
Dem will er seine Wunder weisen
In Berg und Wald und Strom und Feld.
Die Trägen, die zu Hause liegen,
Erquicket nicht das Morgenrot,
Sie wissen nur vom Kinderwiegen,
Von Sorgen, Last und Not um Brot."[1]

So lässt Joseph von Eichendorff in seinem berühmten Roman „Aus dem Leben eines Taugenichts" (1826) den Protagonisten dichten. Die Wanderungen führen die Figuren nicht nur in die Ferne, sondern auch in ihr Inneres. Novalis formuliert: „Nach Innen geht der geheimnisvoll Weg". Die Vertreter der „Schwarzen Romantik" thematisieren die dunklen Seiten des Menschen, denen die Figuren auf diesem Weg begegnen.

E. T. A. Hoffmanns „Schwarze Romantik", Erkundung der dunklen Seite des Menschen

E. T. A. Hoffmann
(1776 – 1822)

E. T. A. Hoffmann gilt als herausragender Vertreter dieser Strömung. Er hat ein Doppelleben als Jurist und Künstler geführt und kannte den Widerspruch zwischen der fantasievollen Künstlerwelt und dem alltäglichen Leben. Seine Figuren, oft sind es Künstler, leiden an Krankheit und Wahnsinn, einer gespaltenen Persönlichkeit, werden von unheimlichen Doppelgängern verfolgt, von ihren Trieben beherrscht oder führen ein

---

[1] J. v. Eichendorff, Aus dem Leben eines Taugenichts, Schöningh [6]2010, S. 6

geheimes Doppelleben.[1] Hoffmann stellt in seinen Werken dar, wie das Unheimliche in den Alltag der Menschen einbricht.[2] In der Novelle „Das Fräulein von Scuderi" erschüttert es die Menschen in Gestalt der Gift- und Juwelenmorde zutiefst („Wie ein unsichtbares tückisches Gespenst schlich der Mord sich ein in die engsten Kreise, wie sie Verwandtschaft – Liebe – Freundschaft nur bilden können",

Beispiel:
Cardillac

S. 15, Z. 22 ff.). Am Beispiel des Goldschmieds Cardillac lässt sich zeigen, wie Hoffmann die dunkle Seite des Menschen gestaltet: Der Goldschmied ist auf seinem Gebiet ein herausragender Künstler. Er kann sich aber nicht von den Schmuckstücken trennen, die er herstellt: „Sowie ich ein Geschmeide gefertigt und abgeliefert, fiel ich in eine Unruhe, in eine Trostlosigkeit, die mir Schlaf, Gesundheit – Lebensmut raubte." (S. 62, Z. 36 ff.) Dämonische Kräfte treiben ihn dazu, seine Kunden zu ermorden und so wieder in den Besitz des Schmuckes zu gelangen: „ich falle über ihn her, er schreit auf, doch von hinten festgepackt stoße ich ihm den Dolch ins Herz – der Schmuck ist mein! – Dies getan fühlte ich eine Ruhe, eine Zufriedenheit in meiner Seele, wie sonst niemals" (S. 64, Z. 14 ff.). Cardillac ist sich der dunklen Mächte bewusst, die ihn zu den Verbrechen treiben, kann sie aber nicht beherrschen. Sein Schicksal und seine Verbrechen sind unheimlich und unbegreifbar, mit den Mitteln des Verstandes nicht zu fassen.

Hoffmanns Texte über die Nachtseite des Menschen gelten als Wegbereiter für die Literatur des 19. und 20. Jahrhunderts. Sie haben die französischen Schriftsteller Hugo, Balzac und Baudelaire ebenso beeinflusst wie die Russen Gogol und Dostojewski und den Amerikaner Edgar Allan Poe.[3]

---

[1] Vgl. Geschichte der deutschen Literatur (2004), S. 73
[2] Vgl. ebd., S. 73 f.
[3] Vgl. ebd., S. 74

„Das Fräulein von Scuderi" als Künstlernovelle

Scuderi, die Titelfigur, und Cardillac sind häufig als Künstlerfiguren gedeutet worden. Magdaleine de Scuderi wird dem Leser als erfolgreiche und geschätzte Schriftstellerin vorgestellt, Cardillac als berühmter Goldschmied, von dem es heißt, er sei in seiner Kunst der Geschickteste gewesen (vgl. S. 28, Z. 14 ff.). Scuderi und Cardillac verkörpern gegensätzliche Künstlertypen: Scuderis Kunst ist der Gesellschaft zugewandt, sie präsentiert ihre Werke der Öffentlichkeit, indem sie beispielsweise Verse bei Hofe vorträgt. Ihre Werke unterhalten und erfreuen das Publikum (vgl. S. 34, Z. 37 – S. 35, Z. 9) und bringen ihr Anerkennung ein. Cardillac versteht seine Kunstwerke als Teil seiner selbst, sodass der Gedanke, andere könnten seinen Schmuck tragen, ihm unerträglich ist. Schließlich beschafft er sich „seinen" Schmuck mittels Raub und Mord von den Kunden zurück („Es ist ja dein – es ist ja dein – nimm [das Geschmeide] doch – was sollen die Diamanten dem Toten!", S. 63, Z. 4 f.). Seine Verbrechen zeigen, dass Cardillac außerhalb der Gesellschaft steht. In dem Goldschmied „zeigt sich eine […] verhängnisvolle Seite des Künstlertums […]: die Gefährdung, zum Verbrecher zu werden."[1]

Gemeinsam ist beiden Künstlerfiguren aber ihre „mangelnde[ ] soziale[ ] Verantwortung"[2]: Weil beide in ihrer Welt der Kunst leben, nehmen sie die Bedürfnisse ihrer Umwelt nicht wahr.[3] Scuderis Ausspruch über die Liebhaber („Un amant qui craint les voleurs n'est point digne d'amour.", Ein Liebhaber, der Diebe fürchtet, ist der Liebe nicht würdig.) verharmlost die Verbrechen, da sie von Dieben (vo-

Cardillac und Scuderi: zwei unterschiedliche Künstlertypen

Gemeinsamkeit: Mangel an sozialer Verantwortung

---

[1] Steinecke (1997), S. 125
[2] Feldges/Stadler (1986), S. 165
[3] Vgl. ebd.

leurs) spricht, wo doch Mörder gemeint sind. Ihre Begegnung mit dem Goldschmied fasst sie in Verse, die sie bei Hofe zur Belustigung aller vorträgt, und übersieht dabei Cardillacs innere Qualen.[1] Schließlich versäumt sie es, den Schmuck rechtzeitig zu Cardillac zurückzubringen, weil Angelegenheiten der Kunst sie aufhalten[2] („Doch war es, als hätten alle schönen Geister von ganz Paris sich verabredet, gerade an dem Morgen das Fräulein mit Versen, Schauspielen, Anekdoten zu bestürmen.", S. 37, Z. 9 ff.).

Scuderi:
Weiterentwick-
lung ihres
Künstlertums

Scuderis Künstlertum entwickelt sich im Laufe der Handlung jedoch weiter: Sie setzt ihre Kunst, ihr rhetorisches und dichterisches Geschick, schließlich für Oliviers Rettung ein. Also stellt sie ihre Kunst in den Dienst der Gerechtigkeit. „Ihr großes Plädoyer ist gesellschaftsbezogen und auf Wirkung ausgerichtet – wie ihre frühere Literatur –, aber sie stellt ihre Kunst nun in den Dienst humaner Zwecke"[3]. Ihr Auftritt beim König hat Erfolg: „Der König, hingerissen von der Gewalt des lebendigsten Lebens, das in der Scuderi Rede glühte" (S. 77, Z. 13 ff.), veranlasst, alle Aspekte des Falls noch einmal zu prüfen, und lässt Olivier schließlich frei.

„Das Fräulein von Scuderi" als Detektivgeschichte?

Hoffmanns Novelle ist in der Literaturwissenschaft häufig als Kriminalgeschichte gedeutet worden. In diesem Zusammenhang wird meist auf Richard Alewyns Interpretation hingewiesen. Alewyn unterscheidet zwischen Kriminal- und Detektivgeschichte. Während der Kriminalroman die Geschichte eines Verbrechens erzählt, wie es geplant und durchgeführt wird, handelt der Detektivroman von der

Unterscheidung
von Detektiv-
und Kriminal-
geschichte

---

[1] Vgl. ebd.
[2] Vgl. ebd.
[3] Steinecke (1997), S. 126

Aufdeckung des Verbrechens[1]; nachdem das Verbrechen geschehen ist, wird es mittels analytischer Verfahren aufgeklärt. Gemäß dieser Unterscheidung handelt es sich bei der Novelle „Das Fräulein von Scuderi" um eine Detektivgeschichte. R. Alewyn erkennt in dem Text die typischen Elemente dieser Gattung: „Erstens den Mord beziehungsweise die Mordserie am Anfang und dessen Aufklärung am Ende, zweitens den verdächtigen Unschuldigen und den unverdächtigen Schuldigen und drittens die Detektion [Aufdeckung], nicht durch die Polizei, sondern durch den Außenseiter, ein altes Fräulein und eine Dichterin."[2] Der These Alewyns, Hoffmanns Novelle „Das Fräulein von Scuderi" sei die erste Detektivgeschichte, wird in der Literaturwissenschaft jedoch auch widersprochen.[3] Ein Blick auf die Titelfigur zeigt, warum dies so ist: Im Unterschied zu einer klassischen Detektivin liegt Scuderis Hauptinteresse nicht darin, die Juwelenmorde aufzuklären, sondern Olivier vor der Hinrichtung zu bewahren. Zwar lässt sie in diesem Zusammenhang Erkundigungen über den Verdächtigen einholen, stellt also Nachforschungen an und zieht begründete Schlüsse daraus, doch erreicht sie ihr Ziel damit nicht. Vielmehr sind es ihre „Menschlichkeit und [ihr] Mitgefühl"[4], die ihr Zugang zu den Informationen verschaffen, die den Fall aufklären: Der Mitwisser Olivier vertraut ihr an, dass Cardillac der Mörder ist, und Miossens gibt sich ihr gegenüber als derjenige zu erkennen, der Cardillac durchschaut und ihn getötet hat.

Demgegenüber sind Scuderis „Scharfsinn" und „Ahnungsvermögen"[5] zwei Eigenschaften, die auch traditionelle Detektivfiguren haben: „Scharfsinn [befähigt] sie zum ge-

Typische Merkmale einer Detektivgeschichte in der Novelle

Unterschiede zwischen Scuderi und klassischen Detektivfiguren

---

[1] Vgl. Alewyn (1974), S. 343
[2] Alewyn (1974), S. 353f.
[3] Vgl. Feldges/Stadler (1986), S. 159
[4] ebd., S. 160
[5] Pikulik (1987), S. 176

nauen Abwägen und richtigen Kombinieren aller Umstände"[1]. Ihr „Ahnungsvermögen" zeigt sich, wenn sie
dem scheinbar Offensichtlichen misstraut und einen Spür-
sinn für Verborgenes, für Geheimnisse beweist.
Insgesamt ist das Fräulein von Scuderi keine typische Detektivfigur.

Hoffmanns Erzählweise

Der Literaturwissenschaftler Hartmut Steinecke würdigt
Hoffmann als einen der wenigen Schriftsteller der Deutschen, die es verstanden hätten, zugleich unterhaltsam
und „modern" (experimentell, innovativ, artistisch raffiniert) zu schreiben.[2]

Techniken der Spannungs-erzeugung in Hoffmanns Texten ... Hoffmann gelingt es, unterhaltsam zu schreiben, indem er
sich u.a. erzählerischer Techniken aus dem Genre des
Schauerromans und aus den Räuber- und Klosterromanen
bedient, welche von den Zeitgenossen als trivial angese-
hen wurden.[3] Typische Mittel, um Spannung zu erzeugen,
sind: die Wahl geheimnisvoller Schauplätze, unheimliche
Rahmenbedingungen für die Handlung, ein schauerliches
Geschehen selbst, dessen Urheber nicht recht zu fassen
sind. Beliebte Orte sind beispielsweise Verliese, Klöster und
unterirdische Gänge; das Geschehen spielt sich oft nachts
ab, begleitet von furchterregenden Geräuschen und unheimlicher Beleuchtung.[4]

... und in der Novelle „Das Fräulein von Scuderi" Diese erzählerischen Elemente durchziehen auch Hoffmanns
Novelle „Das Fräulein von Scuderi" und tragen zu ihrer un-
terhaltsamen und spannenden Wirkung bei. Die Verbrechen, die der Erzähler im zweiten Abschnitt beschreibt, er-

---

[1] ebd.
[2] Vgl. Steinecke (1997), S. 221
[3] Vgl. ebd., S. 168 ff.
[4] Vgl. ebd., S. 168

wecken einen geheimnisvollen und unheimlichen Eindruck. Sie erschüttern die gesellschaftliche Ordnung, indem sie das Misstrauen der Menschen untereinander fördern und Angst und Schrecken verbreiten. In der Fluchtszene (S. 19, Z. 31 – S. 21, Z. 11) verdichtet sich die unheimliche Stimmung: Die Verbrecher fallen ihre Opfer nachts vor den Augen der Polizei an und können unter mysteriösen Umständen flüchten, auch eilig angezündete Fackeln bringen kein Licht ins Dunkel. Die unerklärlichen Umstände der Flucht führen schließlich dazu, die Verbrecher zu dämonisieren („Der Teufel selbst ist es, der uns foppt.", S. 21, Z. 12).

Beispiel 1: Fluchtszene

Neben der Fluchtszene veranschaulicht auch die Mordszene, die Olivier beobachtet (S. 55, Z. 16 – S. 56, Z. 32), exemplarisch, wie Hoffmann erzählerische Techniken des Schauerromans einsetzt, um eine Atmosphäre des Unheimlichen zu schaffen (vgl. „Beispiel für eine Linearanalyse", S. 99 ff.). Cardillac schleicht um Mitternacht durch einen Geheimgang aus dem Haus und überfällt einen seiner Kunden. Die Szene enthält alle erzählerischen Zutaten des Schauerromans: nächtliche Stunde, Geheimgang, rätselhaftes Verbrechen, die Dunkelheit, die die Identität der herausschleichenden Gestalt zunächst verbirgt; nicht zuletzt ist die Rede von „Spuk" (S. 56, Z. 13) und Gespenstern („dem gespenstischen Nachtwanderer", S. 56, Z. 11 f.).

Beispiel 2: Mordszene

Hoffmann nutzt also erzählerische Techniken des Schauerromans, doch er erweitert sie. Ihn interessiert nicht nur die „Nachtseite" von Ort, Zeit und Gegenständen der Handlung, sondern auch die „Nachtseite" der Figuren.[1] Er beleuchtet das Innere der Figuren, ihre dunklen Seiten und beschreibt, wie Triebe das Verhalten beeinflussen, welche Macht das Unbewusste ausübt, und erzählt von gespaltenen Persönlichkeiten und Figuren, die ihren Doppelgängern begegnen (z. B. im Roman „Die Elixiere des Teufels").

Schilderung der dunklen Seiten des Menschen

---

[1] Vgl. ebd., S. 169

Beispiel:
Cardillac

Das Beispiel des Goldschmieds Cardillac in der Novelle veranschaulicht diese Dimension. Den psychologischen Hintergründen des Verbrechens widmet der Erzähler einige Aufmerksamkeit. Die Klärung des Mordmotivs ist ein wichtiges Element innerhalb der Novelle, eingebettet in Oliviers Binnenerzählung, erzähltechnisch durch den Wechsel zur Ich-Form herausgehoben. Die zwanghafte Mordlust Cardillacs und seine Besessenheit von Edelsteinen liegen begründet in einem pränatalen (vorgeburtlichen) Trauma. Trotz der psychologischen Erklärungen und des Blickes in Cardillacs Vorgeschichte bleibt unklar, wie es möglich ist, dass das Erlebnis der Mutter Cardillacs Schicksal unabänderlich festlegt. Dass Fragen bleiben, ist typisch für Hoffmanns Texte.

Schauerliches und Unheimliches spielen nicht nur bei der Wahl der Schauplätze, Handlungen, Rahmenbedingungen und Figuren eine wichtige Rolle; sie finden auch eine Entsprechung in der Sprache der Novelle. Der gesamte Text ist durchzogen von Wendungen, die eine unheimliche Stimmung heraufbeschwören, z. B.: „aus drohender Gefahr", S. 8, Z. 24; „Eure verruchten Spießgesellen", S. 9, Z. 32; „todbleiches, furchtbar entstelltes Jünglingsantlitz", S. 8, Z. 36 f.; „verfluchte[ ] Gauner[ ]", S. 11, Z. 22; „teuflische[ ] Anschläge", S. 11, Z. 24; „unheimliches Grauen", S. 56, Z. 9 f. Diese Ausdrücke stehen in Zusammenhang mit den Verbrechen und der Angst, die sie hervorrufen. Verstärkend wirken Wendungen, die Interjektionen enthalten, d. h. Ausrufe wie „O" (vgl. S. 25, Z. 21 ff.), oder Superlativformen der Adjektive („Übermacht des durchbohrendsten Schmerzes", S. 40, Z. 3 f.; „die rührendste Schilderung", S. 41, Z. 1 f.; „aus dem innersten Herzen", S. 41, Z. 8 f.; „mit dem Ton des entsetzlichsten, schneidendsten Todesschmerzes", S. 38, Z. 24 f.).

Schaffung einer
unheimlichen
Atmosphäre
durch sprachliche
Gestaltungs-
mittel

Dass Hoffmann es vermag, sein Lesepublikum zu unterhalten, „lebendig" zu schreiben und mit welchen Mitteln ihm

dies gelingt, haben die vorangegangenen Abschnitte gezeigt. Um die Modernität seines Erzählens soll es nun gehen. Modern im Sinne von experimentell, innovativ, artistisch raffiniert (s. S. 71) ist „Das Fräulein von Scuderi" nur
mit Einschränkungen, vergleicht man die Novelle mit anderen Werken des Autors, z. B. „Lebensansichten des Katers
Murr", die dieses Etikett eher verdienen.

Modernität
des Erzählens

Mit Blick auf die Erzählstruktur weist aber die Novelle „Das
Fräulein von Scuderi" verschiedene Besonderheiten auf.
Eine Vielzahl von Rückblenden unterbricht das Geschehen
auf der Ebene der Erzählgegenwart. Dies hängt mit der
Struktur der Novelle zusammen: Am Beginn steht ein Rätsel, dessen Hintergründe in der Erzählvergangenheit liegen. Im Laufe der Handlung werden die Hintergründe des
Rätsels im Rückgriff auf die Vergangenheit aufgeklärt. Olivier berichtet von der Vergangenheit, die der Erzählgegenwart unmittelbar vorausgeht. Tiefer in der Vergangenheit
liegen die Ereignisse, von denen Cardillac erzählt.

So kommt es zu einer Verschachtelung: Oliviers Erzählung
ist eingebettet in seine Unterredung mit Fräulein von Scuderi, innerhalb der Erzählung gibt Olivier Cardillacs Geschichte wieder, so wie dieser sie ihm berichtet hat. Die
Verschachtelung bringt eine mehrfache Rahmung mit sich:
„Denn jede in eine Erzählung eingelegte Erzählung wird
Binnenstück und macht die Ausgangserzählung zum Rahmen, und dieses Verhältnis tritt beim *Fräulein von Scuderi*
dreifach auf, wenn man vom Zweitdruck in der Sammlung
der *Serapions-Brüder,* einer zyklischen Rahmenerzählung,
ausgeht."[1] In einer solchen Konstruktion übernimmt jeder
neu eingefügte Erzähler eines Binnenstücks die Funktion
der Vermittlung der Rahmen- und Binnenhandlung einerseits und andererseits ihrer Abgrenzung voneinander.[2]

Verschachtelung
verschiedener
Zeitebenen

---

[1] Pikulik (1993), S. 53 f., Hervorhebungen im Zitat
[2] Vgl. Pikulik (1987), S. 38

„Das Fräulein von Scuderi" und die „Serapions-Brüder"

„Das Fräulein von Scuderi" ist erstmals 1819 als einzelne Erzählung in einem Almanach (kalendarisch angelegtes Jahrbuch, oft bebildert) erschienen.

Für die Autoren der damaligen Zeit ist es finanziell lukrativ, kürzere Erzählungen zu verfassen, denn pro Bogen erhalten sie doppelt so viel Honorar wie für ein gesamtes Buch. Almanache und Taschenbücher mit kürzeren Erzählungen erfreuen sich einer großen Leserschaft und tragen damit zur Popularität eines Schriftstellers viel bei. Außerdem bietet sich die Möglichkeit, die Erzählungen später in einem Sammelband wieder zu veröffentlichen und erneut ein Honorar dafür zu verdienen.[1]

Auf den Vorschlag des Verlegers Georg Reimer entsteht eine solche Sammlung der Texte Hoffmanns aus den zurückliegenden Jahren, die bereits in Zeitschriften, Taschenbüchern oder Almanachen erschienen waren. Diese Sammlung erscheint zwischen 1819–21, umfasst vier Bände und enthält etwa 30 Erzählungen und kürzere Texte, darunter auch den Publikumserfolg „Das Fräulein von Scuderi". Der Sammelband trägt den Titel „Die Serapions-Brüder".[2]

Zweite Veröffentlichung der Novelle in dem Sammelband „Serapions-Brüder"

Den Rahmen für die unterschiedlichen Erzählungen bilden die fiktiven geselligen Treffen von Freunden, die sich an acht Abenden zusammensetzen und sich die Geschichten erzählen oder vorlesen. Die fiktive Runde von Freunden geht auf den Freundeskreis Hoffmanns in Berlin zurück. Mit den Schriftstellern Fouqué, Chamisso und Contessa, dem Juristen, Verleger und Buchhändler Hitzig, dem Arzt und Schriftsteller Koreff und dem Juristen Hippel trifft Hoffmann sich seit 1814 und nach einer längeren Unterbrechung

Rahmenhandlung der unterschiedlichen Erzählungen: fiktive Freundesrunde

---

[1] Vgl. Steinecke (1997), S. 113
[2] Vgl. ebd., S. 113f.

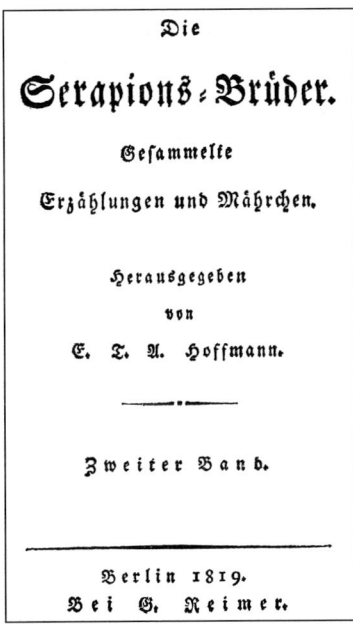

Die

Serapions=Brüder.

Gefammelte

Erzählungen und Mährchen.

Herausgegeben

von

E. T. A. Hoffmann.

Zweiter Band.

Berlin 1819.
Bei G. Reimer.

„Die Serapions-Brüder", Titelseite des zweiten Bandes, 1819

wieder am 14. November 1818, dem Tag des heiligen Serapion.[1] Serapion ist ein ägyptischer Einsiedler und Märtyrer aus dem 4. Jahrhundert.

Der Erzählband umfasst ganz unterschiedliche Geschichten. Als verbindendes Element dieser Texte ist in der Literaturwissenschaft das „serapiontische Prinzip" häufig diskutiert und untersucht worden. Es lässt sich aus den Rahmengesprächen der Freundesrunde und Erzählungen (z. B. aus der Geschichte vom Einsiedler Serapion) entwickeln. Insgesamt fehlt es aber an systematischen, klar verständlichen und einheitlichen Aussagen dazu, sodass über das „sogenannte Serapiontische Prinzip [...] viel gerätselt worden [ist]"[2].

Serapiontisches Prinzip

Die Novelle „Das Fräulein von Scuderi" beurteilt die fiktive Freundesrunde als „*wahrhaft serapiontisch, weil sie auf geschichtlichem Grund gebaut, doch hinaufsteige ins Fantastische*"[3]. Diese Bewertung ist insofern nachvollziehbar, als dass die Fantasie des Autors verschiedene histori-

---

[1] Vgl. ebd., S. 115
[2] Pikulik (1987), S. 39 f.
[3] Zit. nach: ebd., S. 41, Hervorhebungen im Zitat

sche Quellen angeregt haben (u. a. die „Nürnberger Chronik" von Johann Christoph Wagenseil, 1697, und eine Sammlung berühmter Kriminalfälle, 1743). Das Fantastische auszumachen ist da schon schwieriger. Es bezieht sich auf den Ursprung von Cardillacs Verbrechertum, denn es bleibt schließlich rätselhaft, warum der Goldschmied zum Verbrecher wird.

„Das Fräulein von Scuderi" als Novelle

Auch wenn häufiger von einer Erzählung gesprochen wird, weist der Text „Das Fräulein von Scuderi" deutlich Merkmale einer Novelle auf.

Der Name der literarischen Gattung Novelle leitet sich von dem italienischen Wort „novella" (= „Neuigkeit") ab. Goethes Ausspruch über die Novelle wird häufig zitiert. In einem Gespräch mit J. P. Eckermann äußert er: „was ist eine Novelle anders als eine sich ereignete unerhörte Begebenheit"[1]. Zwei wesentliche Aspekte, die charakteristisch für viele Novellen sind, lassen sich hieraus ableiten:

Realitätsbezug des Erzählten

a) Die Begriffe „Begebenheit" und „Ereignis" verweisen „auf wirklich Vorgefallenes, auf etwas, was einmalig und unwiederholbar zu einer bestimmten Zeit, an einem bestimmten Ort geschehen ist"[2].

Neuartiges und Außergewöhnliches

b) Indem Goethe von einer „unerhörten Begebenheit" spricht, betont er den außergewöhnlichen und neuartigen Charakter des Erzählten. In der Novelle werden Ereignisse erzählt, die ungewöhnlich und neuartig sind und sich vom Alltäglichen deutlich abheben.

Die herausgearbeiteten Merkmale lassen sich auf Hoffmanns Novelle übertragen und für das Verständnis des Textes nutzen:

---

[1] Zit. nach: Freund (2009), S. 33
[2] ebd., S. 33

Zu a): Das Ereignis, das in der Novelle erzählt wird, muss real vorstellbar sein; damit unterscheidet sich die Novelle vom Märchen.[1] In der Novelle „Das Fräulein von Scuderi" arbeitet der Autor mit zahlreichen historischen Bezügen, indem er Figuren auftreten lässt, die an historischen Personen angelehnt sind (z. B. Fräulein von Scuderi, Ludwig der XIV., Maintenon, la Regnie). Er wählt für die Handlung historische Schauplätze und verarbeitet mit der Giftaffäre einen Kriminalfall, der sich tatsächlich ereignet hat. Hoffmanns Fantasie lässt sich von diesen „Realitätspartikeln"[2] anregen.

Realitätsbezug der Novelle

Zu b): Die „unerhörte Begebenheit" ist der Kriminalfall: Die Juwelenmorde sind kein „alltägliches" Verbrechen, sondern sind so unheimlich und bedrohlich, dass sie ganz Paris und den gesamten Justizapparat in Atmen halten. Die Figur des Täters ist außergewöhnlich, da sie sich in zwei Wesen spaltet: den angesehenen Bürger und den dämonischen Verbrecher, der seinem Mordtrieb ausgeliefert ist.

Der Kriminalfall als „unerhörte Begebenheit"

Aus der Konzentration der Novelle auf die „unerhörte Begebenheit" bzw. einen zentralen Konflikt ergeben sich bestimmte Gestaltungsmerkmale:

- Die Handlungsführung ist straff und die Handlung wird konzentriert, meist ohne Nebenhandlung, vorangetrieben.[3] Dadurch ist die Novelle dem Drama ähnlich.

Straffe Komposition

- Ein sprachliches Leitmotiv oder Dingsymbol sorgt für eine „symbolisch dichte Darstellungsweise"[4].

Dingsymbol

Oft wird das Dingsymbol schon im Titel der Novelle benannt, wie zum Beispiel in Annette von Droste-Hülshoffs Werk „Die Judenbuche". Das sprachliche Leitmotiv oder Dingsymbol hat in der Novelle eine zweifache Funktion: Einerseits wirkt es strukturierend, indem durch sein Auftreten wichtige Punkte im Handlungsverlauf markiert werden.

Doppelfunktion des Dingsymbols: Struktur und Deutung

---

[1] Vgl. ebd.
[2] Steinecke (1997), S. 125
[3] Vgl. Metzler Literaturlexikon (1990), S. 329
[4] Freund (2009), S. 34

Andererseits hat es eine Funktion für die Deutung der Novelle, da sich in ihm der zentrale Konflikt der Novelle verdichtet.[1]

In der vorliegenden Novelle spielt das Kästchen (und der Schmuck) die Rolle des Dingsymbols. Das Auftreten dieses Gegenstandes verknüpft wichtige Handlungsschritte miteinander: Zu Beginn wird es unter rätselhaften Umständen in Fräulein von Scuderis Haus gebracht; bei der mysteriösen Begegnung mit Cardillac macht der Goldschmied Scuderi den Schmuck, der sich in dem Kästchen befunden hat, zum Geschenk; die Warnung des Unbekannten an Scuderi bezieht sich auf den Schmuck; er spielt in Oliviers Erzählung eine wichtige Rolle und Scuderi trägt ihn bei ihrem Auftritt beim König; am Schluss der Novelle steht die Rückgabe des Schmuckes an seine Besitzer.

Bei der Deutung der Novelle spielt der Schmuck insofern eine besondere Rolle, als dass sich das Schicksal Cardillacs darin verdichtet. Der Schmuck ist Ausgangspunkt für die Verbrechen des Goldschmieds und Kern seiner Besessenheit. Damit verweist das Symbol auf den zentralen Konflikt der Novelle: den Kriminalfall um die Juwelenmorde und seine Aufklärung.

Nähe der Novelle zum Drama
In vielen Definitionen wird die Nähe der Novelle zum Drama betont. Storm bezeichnet sie als „Schwester des Dramas". Die Novelle „Das Fräulein von Scuderi" weist hinsichtlich der Struktur und der Darstellungsmittel Ähnlichkeiten mit einem Drama auf: Hoffmann erreicht durch das „Prinzip der dramatisch-theatralischen Vergegenwärtigung"[2], dass das Geschehen lebendig wirkt. Er lässt „die Figuren wie auf der Bühne [...] in ausdrucksvoller Gestik und Mimik auftreten; er suggeriert seinem Publikum nicht selten ein unmittelbares Dabeisein, so als säße der Leser

---

[1] Vgl. ebd, S. 34f.
[2] Pikulik (1993), S. 55

vor einer Szene, vor der gerade ein Vorhang weggezogen worden ist"[1]. Die Eingangspassage der Novelle ist ein gutes Beispiel dafür, wie Hoffmann das Prinzip einsetzt und den Eindruck erzeugt, der Leser verfolge ein Geschehen auf der Bühne.

Hinsichtlich der Struktur besteht jedoch ein entscheidender Unterschied zwischen Hoffmanns Novelle und dem klassischen Drama, für das die Einheit von Ort, Zeit und Handlung kennzeichnend ist: die Rückblenden, die in die Handlung eingefügt sind. Sie ergeben sich zwangsläufig, denn die Hintergründe der Verbrechen enthüllen sich der Titelfigur und dem Leser Schritt für Schritt.

Komplexe Erzählstruktur als Widerspruch zum Aufbau eines klassischen Dramas

Der Gattung Novelle wie dem Drama ist zumeist ein lineares und rasches Fortschreiten der Handlung zu eigen, die komplexe Erzähl- und Zeitstruktur[2] des „Fräulein von Scuderi" passt nicht recht dazu.

Dennoch gibt es Parallelen zum Aufbau eines klassischen Dramas[3]: Der erste und zweite Abschnitt dienen als Exposition. Durch die spannend gestaltete erste Szene (Abschn. 1) wird der Leser unmittelbar ins Geschehen geworfen. Ort und Zeit der Handlung werden eingeführt, die Hauptfigur wird vorgestellt. Das sprachliche Leitmotiv bzw. das Dingsymbol tritt auf sowie das zentrale Motiv des Geheimnisvollen. Der zweite Teil der Exposition (Abschn. 2) unterscheidet sich vom ersten, da es sich hier um einen ausführlichen Rückblick handelt, der die Verbrechen in Paris darstellt. Dieser Teil der Exposition hat die Funktion, den atmosphärischen Hintergrund der Handlung zu beleuchten.

Exposition

Die steigende Handlung wird durch verschiedene Handlungsschritte gebildet, die auf den Wende-/Höhepunkt zu-

Steigende Handlung

---

[1] ebd.
[2] Vgl. Kapitel „Hoffmanns Erzählweise", S. 72 ff.
[3] Vgl. Schaubild „Der Aufbau der Novelle", S. 83.

laufen: Mit der Öffnung des Kästchens beginnt der Kriminalfall. Es folgen Scuderis rätselhafte Begegnung mit Cardillac und ihre Ahnung eines „dunklen Geheimnisses", die Warnung des Unbekannten, den Schmuck zurückzubringen, und die aufgeschobene Rückgabe des Schmuckes. Dieser Handlungsschritt wirkt als retardierendes (verzögerndes) Moment.

Höhepunkt
Cardillacs Tod markiert den Wende-/Höhepunkt der Novelle. Ab diesem Punkt beginnt die Lösung des zentralen Konflikts bzw. die schrittweise Aufklärung des Falls. Scuderi setzt sich zunächst ohne Erfolg für den Verdächtigen Olivier ein; er vertraut ihr sein Wissen über die Taten und den wahren Täter an. Miossens gibt sich gegenüber Scuderi als der Mörder Cardillacs zu erkennen; juristische Bemühungen, Olivier zu retten, setzen ein. Scuderi sucht den König auf und bittet ihn um Gnade für ihren Schützling. Das Zögern des Königs, der sich einen Monat Zeit lässt, den Fall zu prüfen, dient als Moment der letzten Spannung. Es lässt die endgültige Lösung des Falls zugunsten Oliviers für einen kurzen Moment ungewiss erscheinen.

Schluss
Am Ende der Novelle steht der Abschluss des Falls: Olivier wird durch die Gnade des Königs freigesprochen. Der gestohlene Schmuck wird zurückgegeben. Für Olivier und Madelon endet die Geschichte, oberflächlich betrachtet, mit einem positiven Ende: Sie heiraten und verlassen mit einer reichen Mitgift ausgestattet Paris. Olivier verschweigt jedoch seiner Braut, dass ihr Vater ein Verbrecher war, und lässt sie über seine Rolle als Mitwisser der Morde im Unklaren.

Der Aufbau der Novelle

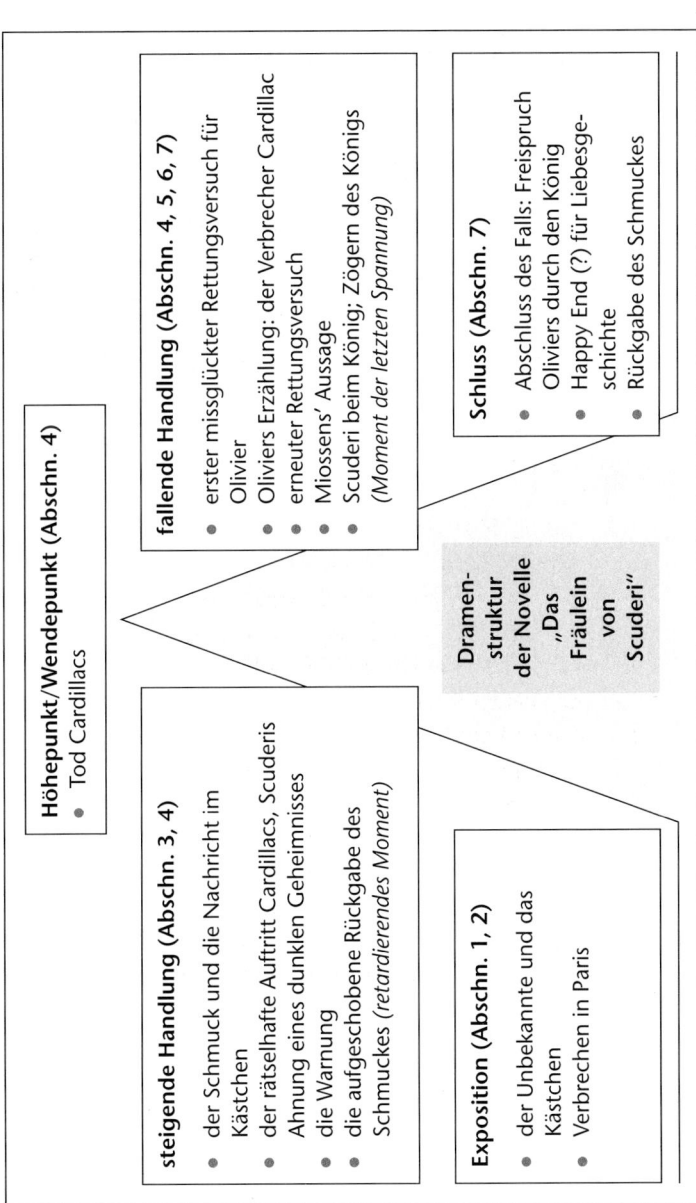

Dramenstruktur der Novelle „Das Fräulein von Scuderi"

Höhepunkt/Wendepunkt (Abschn. 4)
- Tod Cardillacs

steigende Handlung (Abschn. 3, 4)
- der Schmuck und die Nachricht im Kästchen
- der rätselhafte Auftritt Cardillacs, Scuderis Ahnung eines dunklen Geheimnisses
- die Warnung
- die aufgeschobene Rückgabe des Schmuckes *(retardierendes Moment)*

fallende Handlung (Abschn. 4, 5, 6, 7)
- erster missglückter Rettungsversuch für Olivier
- Oliviers Erzählung: der Verbrecher Cardillac
- erneuter Rettungsversuch
- Miossens' Aussage
- Scuderi beim König; Zögern des Königs *(Moment der letzten Spannung)*

Schluss (Abschn. 7)
- Abschluss des Falls: Freispruch Oliviers durch den König
- Happy End (?) für Liebesgeschichte
- Rückgabe des Schmuckes

Exposition (Abschn. 1, 2)
- der Unbekannte und das Kästchen
- Verbrechen in Paris

Wirkung und Rezeption

Großer
Publikumserfolg

„Die, ohne alle Schmeichelei dürfen wir es sagen, äußerst interessanten Erzählungen und unter diesen vorzüglich ‚Fräulein Scuderi', womit Sie die Güte hatten, seit einigen Jahren unser ‚Taschenbuch der Liebe und Freundschaft' zu beschenken, verschaffte demselben ein größeres Interesse und vermehrte den Absatz, wofür wir Ihnen noch besonders unsere innigste Dankbarkeit bezeigen […].“[1]

So bedanken sich die Verlagsbuchhändler Friedrich und Heinrich Wiltmans aus Frankfurt am Main in einem Brief vom 11. Februar 1820 bei ihrem Autor E.T.A. Hoffmann. Zusätzlich zum Honorar erhält Hoffmann noch 50 Flaschen Rüdesheimer Hinterhaus, Jahrgang 1811, weil die Erzählungen und insbesondere „Das Fräulein von Scuderi" sich so gut verkaufen. Beim Publikum ist die Novelle „Das Fräulein von Scuderi" also ein großer Erfolg. Das gilt auch für andere Werke Hoffmanns, sodass er seit 1815 zu den wenigen Schriftstellern gehört, „um die sich die Verleger und Herausgeber von Taschenbüchern und Almanachen rissen"[2].

Überwiegend
positive Urteile
der zeitgenös-
sischen
Literaturkritik

Die zeitgenössischen Literaturkritiker urteilen positiv über die Novelle „Das Fräulein von Scuderi"; die Rezension aus der „Allgemeinen Literatur-Zeitung" (Band IV, 1822) bildet eine Ausnahme: „Das ganze Schauergemälde scheint für solche berechnet, auf deren Empfindungssystem nur noch durch starken Überreiz gewirkt werden kann; die Technische Anlage ist nicht sonderlich, denn es enthält manches Gedehnte und rundet sich schlecht."[3]

---

[1] Günzel (1984), S. 414
[2] Steinecke (1997), S. 222
[3] Zit. nach: Kremer (1999), S. 146. Die Informationen zu Wirkung und Rezeption beruhen auf Kremers Darstellung, S. 146–147. Um die Lesbarkeit zu verbessern, sind nur wörtliche Zitate gekennzeichnet.

Während viele Rezensionen ähnlich oberflächlich und ungenau bleiben, verfasst Willibald Alexis eine fundierte Kritik, die in der Zeitschrift „Hermes" 1821 erscheint. Darin würdigt er „Das Fräulein von Scuderi" als herausragend unter Hoffmanns Erzählungen und stellt „die historische und realistische Intention der Erzählung"[1] heraus, die womöglich solche Leserinnen und Leser anspricht, die mit den fantastischen Erzählungen des Dichters wenig anfangen können. W. Alexis formuliert: „Hoffmanns ‚Fräulein von Scuderi' ist, so wie sie die vollendetste unter des Dichters eigenen Arbeiten ist, auch eine der besten unter den deutschen Novellen, welche getreu und doch mit dem höchsten Interesse das Leben einer Zeit, welche sonst für das deutsche Gemüth wenig Anziehendes hat, schildert."[2]

Der Erfolg beim Publikum spiegelt sich auch in den verschiedenen Bearbeitungen des „Scuderi"-Stoffes für das Theater wider: Unter dem Titel „Der Diamantenraub zu Paris" wird in Wien 1824 ein Stück aufgeführt, im gleichen Jahr ein Stück in Paris, das ins Deutsche übersetzt und unter dem Titel „Cardillac, oder das Stadtviertel des Arsenals" in Berlin auf die Bühne gebracht wird.

Von einer lebhaften Rezeption des Stoffes im 19. und 20. Jahrhundert zeugen weitere Theaterstücke („Das Fräulein von Scuderi. Nach Hoffmanns Erzählung" von Cäsar von Leonhard und „Das Fräulein von Scuderi. Schauspiel in fünf Aufzügen nach E. T. A. Hoffmanns Erzählung" von Otto Ludwig, beide 1848) und die musikalische Bearbeitung des Stoffes durch Ferdinand Lion (Libretto für die Oper „Cardillac" von Paul Hindemith aus dem Jahr 1926). Auch Filmschaffende haben sich für Hoffmanns Novelle interessiert, sodass der Stoff mehrfach verfilmt worden ist (1930: Juwelen – Regie: Hans Brückner; 1950: Die tödlichen Träume –

Bearbeitungen des Stoffes für das Theater, …

… die Oper und …

… den Film

---

[1] ebd., S. 146
[2] Zit. nach: ebd.

Regie: Paul Martin; 1955: Das Fräulein von Scuderi – Regie: Eugen York; 1968: Cardillac – Regie: Edgar Reitz; 1976: Das Fräulein von Scuderi – Regie: Lutz Büscher). Auf Interesse beim Lesepublikum ist die Novelle auch in anderen Ländern gestoßen: Ins Russische und Polnische wurde sie bereits 1822 übersetzt, ins Englische 1826. In Frankreich erschien eine vollständige Übersetzung im Rahmen der ersten Werkausgabe 1830. Ins Japanische, Spanische, Tschechische und in weitere Sprachen wurde die Novelle etwa zur Wende vom 19. zum 20. Jahrhundert übertragen.

Übersetzungen

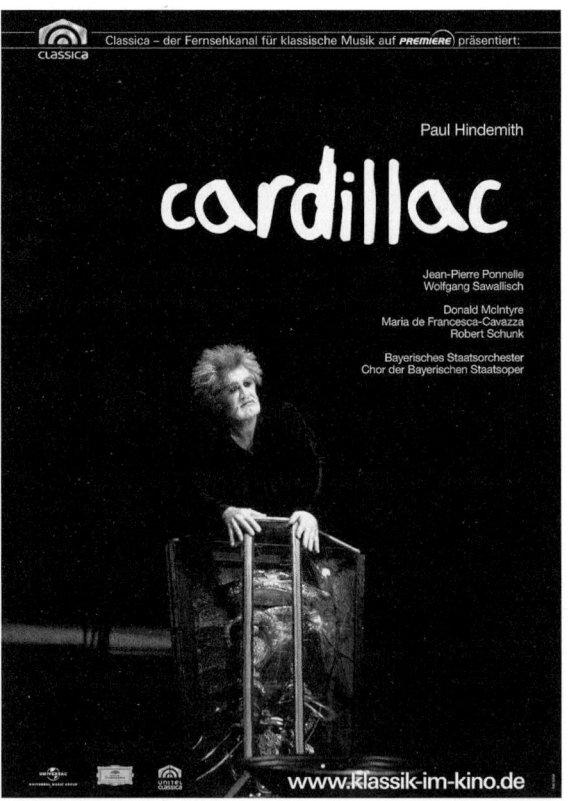

Die Oper „Cardillac" von Paul Hindemith, Aufführung von 1985

Die Novelle „Das Fräulein von Scuderi" in der Schule

Der Blick auf die Figuren: Die Personencharakterisierung

Eine literarische Figur charakterisieren – Tipps und Techniken

In einer literarischen Charakterisierung analysiert man neben den äußeren Merkmalen besonders die inneren Wesenszüge einer literarischen Figur. Auf diesem Wege gelangt man zu einer Gesamtinterpretation der Figur. Informationen über literarische Figuren können auktorial, also durch einen Erzähler, oder figural, also durch andere Figuren, übermittelt werden. Zusätzlich lässt sich zwischen expliziter (oder direkter) und impliziter (oder indirekter) Charakterisierung unterscheiden. Explizit wird eine Figur durch direkte Aussagen über sie charakterisiert, implizit durch die Beschreibung von Verhaltensmustern, Aussagen oder Ähnlichem, die Rückschlüsse auf den Charakter der Figur zulassen. In der Regel finden beide Charakterisierungsweisen in einem Text Anwendung.

Für die Erarbeitung einer literarischen Charakterisierung können unter anderem folgende Aspekte und Leitfragen von Bedeutung sein:

1. Personalien und sozialer Status

- Was erfahren wir über den Namen, das Geschlecht, das Alter und den Beruf der Figur?
- Werden auffällige äußere Merkmale beschrieben?
- Wie stellen sich Lebensverhältnisse und das soziale Umfeld der Figur dar?
- Gibt es Informationen zur Vorgeschichte der Figur?

2. Wesentliche Charaktereigenschaften

- Zeigt die Figur typische Verhaltensweisen und Gewohnheiten?
- Was sind ihre hervorstechenden Wesensmerkmale und Charakterzüge?
- Welche Umstände prägen und bestimmen ihre Existenz?
- Welches Bild hat die Figur von sich selbst?
- Welche inneren Einstellungen, welches Weltbild hat die Figur?
- Zeigt die Figur eine Veränderung in ihren äußeren Merkmalen bzw. eine innere Entwicklung?
- Wie wird sie durch andere Figuren wahrgenommen?
- Welcher Art sind die Beziehungen zwischen ihr und anderen Figuren?

3. Sprachgebrauch und Sprachverhalten

- Wie kann man den Sprachgebrauch der Figur allgemein beschreiben (Sprachebene, Sprachstil)?
- Welche Auffälligkeiten lassen sich auf Satz- und Wortebene erkennen (Satzbau, Wortwahl, …)?
- Welche (kommunikativen) Aussagen werden durch die nonverbale Kommunikation (Gestik, Mimik, Körperhaltung) transportiert?
- Welches Gesprächsverhalten, welche Gesprächsstrategien verfolgt die Figur?

4. Zusammenfassung/Fazit

- Wie lässt sich die Funktion der Figur für die Novelle beschreiben?
- Welche Gesamtdeutung der Figur ergibt sich aus den unter 1.–4. gewonnenen Erkenntnissen?

Die folgenden Abschnitte beinhalten Charakterisierungen der wichtigsten Figuren. Die Texte sind als Anregung gedacht, sich selbst genau mit der jeweiligen Figur auseinanderzusetzen.

Fräulein von Scuderi

Magdaleine von Scuderi ist die Hauptfigur in Hoffmanns Novelle, die ihren Namen trägt. Sie steht im Zentrum des Kriminalfalls, da die Fäden der Handlung bei ihr zusammenlaufen und sie mit allen Beteiligten in Kontakt steht.

Scuderi ist eine 73 Jahre alte Schriftstellerin adeliger Herkunft (vgl. S. 6, Z. 2f.; S. 7, Z. 40–S. 8, Z.1; S. 34, Z. 4). Zusammen mit zwei Bediensteten, Baptiste und Martiniere, lebt sie in einem kleinen Haus in Paris. Zu ihren Angestellten pflegt sie ein herzliches Verhältnis. Die Schriftstellerin genießt durch ihre Werke, aber auch wegen ihrer Eigenschaften ein hohes Ansehen bei Hofe. Sie wird für ihre „Würde, [...] Liebenswürdigkeit [und] Anmut" (S. 27, Z. 6f.) verehrt und verkehrt regelmäßig mit dem König und seiner Mätresse, der Marquise de Maintenon. Im Rahmen solcher Treffen zeigt der König, dass er Wert auf Scuderis Meinung legt (vgl. S. 23, Z. 24–S. 24, Z. 4). Sie vermag ihre Umgebung mit ihrem Geist und Witz zu unterhalten. Beispielsweise reagiert sie auf Cardillacs kostbares und rätselhaftes Geschenk scherzhaft, indem sie das Bild einer „dreiundsiebzigjährigen Goldschmiedsbraut" (S. 34, Z. 4, Z. 8) entwirft. Schließlich bearbeitet sie ihre Begegnung mit Cardillac literarisch und fasst sie in unterhaltsame Verse, die sie bei Hofe vorträgt („der König lachte bis ins Innerste hinein", S. 35, Z. 6f.). Scuderis Künstlertum entwickelt sich im Laufe der Handlung weiter: Sie setzt ihre Kunst für Oliviers Rettung ein, stellt also ihre Kunst in den Dienst der Gerechtigkeit.

Durch die Übergabe des Kästchens wird sie in den Kriminalfall verwickelt. Bei der Lösung des Falls und der Rettung Oliviers kommen ihr die Wertschätzung durch den König und ihre Beredsamkeit und Klugheit zu Hilfe. Diese Eigenschaften zeigen sich vor allem bei ihrem geschickt inszenierten Auftritt beim König (vgl. S. 76, Z. 8ff.), der schließ-

Personalien und sozialer Status

Wesentliche Charaktereigenschaften

Beziehungen zu anderen Figuren

lich Oliviers Freilassung bewirkt. Aber auch ihr Glaube an das Gute im Menschen spielt eine große Rolle, denn sie hält Olivier für unschuldig und setzt sich für ihn ein. Gegenüber Madelon zeigt sie mütterliche Züge, indem sie ohne Zögern die Tochter des Goldschmieds bei sich aufnimmt und sie so vor dem Zugriff der Polizei schützt (vgl. S. 39, Z. 23).

Ihren Mitmenschen begegnet Scuderi mit Menschenkenntnis und Sensibilität. So vermutet sie z. B. nach ihrer Zusammenkunft mit Cardillac ein dunkles Geheimnis: „Und nun hat selbst Cardillacs Betragen [...] für mich etwas sonderbar Ängstliches und Unheimliches. Nicht erwehren kann ich mir einer dunklen Ahnung, dass hinter diesem allem irgendein grauenvolles, entsetzliches Geheimnis verborgen" (S. 34, Z. 19–24).

Scuderis Sprache ist stets geschliffen, oft gefühlsbetont (vgl. z. B. Interjektionen und rhetorische Fragen, S. 25, Z. 21 ff.) und auf Wirkung ausgerichtet. Sie vermag es, mit ihrer Körperhaltung die Wirkung ihrer Worte zu unterstreichen (vgl. S. 23, Z. 25 ff.; S. 77, Z. 21 f.).

Fräulein von Scuderi zeichnet sich insgesamt durch Menschenkenntnis, Sensibilität, Klugheit und ihre Fähigkeit aus, mit Worten zu unterhalten und zu überzeugen. Bei der Verfolgung ihres Ziels, Olivier zu retten, geht sie zielstrebig und geschickt vor. Gegenüber ihren Mitmenschen zeigt sie sich liebenswürdig und hilfsbereit. Durch diese Eigenschaften und Charakterzüge hat sie sich ein hohes Ansehen, auch in adeligen Kreisen, erworben, sodass sie allseits als würdige und tugendhafte Dame geschätzt wird.

René Cardillac

Cardillac ist die wichtigste Nebenfigur in Hoffmanns Novelle. Er ist ein widersprüchlicher Charakter. Der Kriminalfall hängt eng mit dieser Figur zusammen.

Marginalien:

Scuderis Sprache

Zusammenfassung

Cardillac ist von Beruf Goldschmied und hat es auf seinem Gebiet zu unübertroffener Meisterschaft gebracht, sodass er als der fähigste Goldschmied seiner Zeit gilt.

Personalien und sozialer Status

Seine äußere Gestalt wird als „[e]her klein" (S. 28, Z. 2) beschrieben. Er ist Ende fünfzig (vgl. S. 28, Z. 4) und hat einen kräftigen Körperbau (vgl. S. 28, Z. 3). Sein rötliches Haar ist dick und kraus, sein Gesicht gedrungen und glänzend (vgl. S. 28, Z. 7 f.). In Paris ist er ein angesehener Bürger, der als „uneigennützig, offen, ohne Hinterhalt" (S. 28, Z. 9 f.) und hilfsbereit gilt. Seiner Tochter Madelon gegenüber verhält er sich liebevoll.

Künstlerisches Können, die Besessenheit von Edelsteinen und der Drang, das perfekte Kunstwerk zu erschaffen, sind wesentliche Merkmale dieser Figur. Diese Eigenschaften zeigen sich in der Arbeit mit Edelsteinen: Er widmet sich den Steinen akribisch und mit großer Leidenschaft, sie ziehen ihn in seinen Bann („Hübsche Steine – herrliche Steine, lasst mich nur machen!", S. 29, Z. 21 f.). Er arbeitet so lange an der Vollendung seines Kunstwerks, bis es seinen hohen Ansprüchen genügt. „So wurde jede Arbeit ein reines, unübertreffliches Meisterwerk" (S. 28, Z. 29 f.).

Wesentliche Charaktereigenschaften

Sich von diesen Kunstwerken zu trennen und sie ihren Auftraggebern zu überlassen, fällt Cardillac schwer. Unruhe, Wut und Verdruss überfallen ihn (vgl. S. 29, Z. 2 f.) und er findet immer neue Ausreden, die Herausgabe des Schmuckes zu verzögern. Verlangen die Auftraggeber ihren Schmuck, wird Cardillac handgreiflich. Die Aggression des Goldschmieds gegenüber seinen Kunden schlägt sich auch in seiner Sprache nieder: Er beschimpft und verflucht sie (vgl. S. 30, Z. 7 ff.).

Dieses auffällige Verhalten und das unheilvolle Funkeln seiner Augen (vgl. S. 28, Z. 11 f.) verweisen auf eine andere Seite seines Charakters.

Cardillacs Besessenheit von Edelsteinen führt dazu, dass er den Schmuck seinen Kunden wieder raubt und die Besitzer

Doppelleben des Goldschmieds

ermordet. Er ist der Juwelenmörder. Der Ursprung der Morde liegt in einem vorgeburtlichen Trauma (vgl. S. 62, Z. 1–6), das sein Verhalten prägt und dessen er sich bewusst ist („Mein böser Stern war aufgegangen und hatte den Funken hinabgeschossen, der in mir eine der seltsamsten und verderblichsten Leidenschaften entzündet.", S. 62, Z. 18–20). Cardillac wird von Stimmen bedrängt, die ihn zu seinen Verbrechen antreiben (vgl. S. 63, Z. 3 ff. und Z. 11 ff.). Er findet nur noch Ruhe und Zufriedenheit, wenn er seine Opfer tötet (vgl. S. 64, Z. 15–18).

Beziehung zu anderen Figuren Cardillac verbindet mit Fräulein von Scuderi ein besonderes Verhältnis. Er schätzt sie für ihre Tugend (vgl. S. 33, Z. 6–8) und hofft, durch sie seinen Mordtrieb überwinden zu können. Deshalb schenkt er ihr den Schmuck, den er ihr durch Olivier in dem Kästchen überbringen lässt (vgl. S. 65, Z. 35 – S. 66, Z. 2). Fräulein von Scuderi erscheint in der Novelle also als Inbegriff des Guten, als positive Gegenfigur zu dem verbrecherischen Cardillac.

Sie ahnt, dass Cardillac ein Geheimnis umgibt, denn auf den Schmuck aus dem Kästchen reagiert er innerlich aufgewühlt und mit rätselhafter Heftigkeit. Dies zeigen seine **Sprache Cardillacs** Sprache und seine Körperhaltung: Eine Reihe unverbundener Ausrufe („Hm! – So! – Ei! – Hoho!", S. 32, Z. 15) zeugen vom Widerstreit seiner Gefühle, unruhig bewegt er seine Hände (vgl. S. 32, Z. 15 ff.), weint, schluchzt, rennt umher und wirft dabei Möbel um (vgl. S. 33, Z. 23 ff.).

Zusammenfassung Insgesamt zeichnet sich Cardillacs Charakter durch zwei gegensätzliche Seiten aus: die des angesehenen Bürgers, liebevollen Vaters und erfolgreichen Goldschmieds und die des besessenen Künstlers, der sein Werk als Teil seiner selbst versteht und zum Mörder wird.

Olivier Brusson

Olivier Brusson, Sohn von Anne Guiot, der Pflegetochter
Scuderis, ist eine wichtige Nebenfigur. Im Kriminalfall spielt
er die Rolle des unschuldig Verdächtigen, den Fräulein von
Scuderi durch ihren Einsatz vor der Hinrichtung bewahrt.
Für das Verständnis der Figur sind die Beziehungen zu Car-
dillac, Madelon und Scuderi wichtig.

Olivier Brusson ist etwa Mitte zwanzig (vgl. S. 52, Z. 17) und
von Beruf Goldschmiedegeselle bei René Cardillac. Bei den
Nachbarn gilt er als „Muster eines sittigen, frommen, treu-
en, fleißigen Betragens" (S. 41, Z. 21 – 22). Er verliebt sich in
die Tochter des Meisters, Madelon (vgl. S. 54, Z. 26 – 28).

Personalien und sozialer Status

Brussons Verhältnis zu Cardillac, den er als Lehrmeister
schätzt, ändert sich, als der Goldschmied ihn als künftigen
Schwiegersohn ablehnt und Olivier erfährt, dass Cardillac
der Juwelenmörder ist. Aus diesem Wissen ergibt sich eine
schwierige Lage: Olivier ist Mitwisser der Morde, gleichzei-
tig will er Madelon vor der Wahrheit schützen und meldet
Cardillac deshalb nicht bei der Polizei (vgl. S. 60, Z. 12 – 19).
Sein Verhältnis zu Cardillac wandelt sich von Bewunderung
und fachlicher Anerkennung zu Furcht und Abscheu vor
den Verbrechen des Meisters.

Beziehung zu anderen Figuren

Die Liebe zu Madelon bestimmt Oliviers Verhalten. Das Be-
dürfnis, die Geliebte zu schützen, führt dazu, dass Olivier
sein Leben riskiert: Da er weiß, dass sie die Wahrheit über
ihren Vater nicht ertragen könnte, schweigt er auch dann
noch über die Verbrechen Cardillacs, als der Verdacht, Cardillac ermordet zu haben, auf ihn fällt. Für Olivier bedeutet
Madelons Liebe Trost und Glück (vgl. S. 69, Z. 28 – 30).

Der innere Zwiespalt, in dem er steckt, seit er Zeuge von
Cardillacs Verbrechen geworden ist, spiegelt sich in Oliviers
äußerer Erscheinung wider. Als er Scuderi den Zettel mit
der Warnung übergibt, wird er als „todbleich[]" und
„gramverstört" (S. 35, Z. 22 f.) beschrieben. Bei der Übergabe des Kästchens wird sein Gesicht als „todbleiches,

furchtbar entstelltes Jünglingsantlitz" (S. 8, Z. 36 f.) geschildert. Und Scuderi erlebt ihn bei ihrer nächtlichen Zusammenkunft mit „durch Gram, durch grimmen Schmerz
verzerrten Zügen" (S. 50, Z. 40 – S. 51, Z. 1).

Fräulein von Scuderi ist die einzige Person, der Olivier vertraut. Das zeigt sich, als er im Untersuchungsgefängnis unter Androhung der Folter über Cardillacs Verbrechen
schweigt und sich allein Fräulein von Scuderi anvertrauen
will (vgl. S. 49, Z. 20 f.). Oliviers Zuneigung zu seiner ehe-
maligen Pflegegroßmutter wird auch deutlich, als er sie vor
Cardillac schützen will. Als der Geselle erkennt, dass Cardillac seinen Mordtrieb nicht überwinden kann und den
Schmuck von Scuderi zurückholen will, warnt er sie mit der
Mitteilung, sie möge den Schmuck unbedingt zu Cardillac
zurückbringen (vgl. S. 36, Z. 18 – 27). Als der Meister eines
Nachts das Haus verlässt, folgt Olivier ihm in Sorge um
Scuderis Leben (vgl. S. 68, Z. 16 f.) und ist entschlossen,
einen Mordanschlag zu verhindern.

Sprache Oliviers Oliviers Sprache unterstreicht seine verzweifelte Situation:
Seine Worte wirken gequält, klagend und eindringlich (vgl.
S. 69, Z. 22 – 24; S. 53, Z. 27 – 30).

Zusammen-
fassung Olivier Brusson wird als tugendhafter, frommer Mann geschätzt, der fleißig und mit Können seiner Arbeit nachgeht.
Bestimmend für sein Verhalten ist die Liebe zu Madelon.
Ihre Liebe bedeutet für ihn Trost und Halt. Seine Beziehung
zu Scuderi ist geprägt von Zuneigung, Vertrauen und Hoffnung. Die Bedeutung der Figur für die gesamte Novelle
leitet sich aus Oliviers Wissen um den wahren Täter und aus
seiner eigenen Rolle als Verdächtiger, der unschuldig ist, ab.

Madelon

In Hoffmanns Novelle ist Madelon, die Tochter des Goldschmieds Cardillac, eine Nebenfigur. Auf den Kriminalfall
und seine Lösung nimmt sie keinen direkten Einfluss.

Madelon ist jung und lebt im Haushalt ihres Vaters. Als Tochter des berühmtesten Goldschmieds seiner Zeit genießt sie Ansehen und lebt in Wohlstand, ihr Vater ist darauf bedacht, dass sie einen Ehemann ihrer sozialen Stellung gemäß wählt (vgl. S. 55, Z. 8 ff.).

Personalien und sozialer Status

Sie ist eine zarte Erscheinung, „schön wie der Tag" (S. 38, Z. 21) und wird als „Engelskind[]" (S. 78, Z. 24) und „Engelsbild" (S. 54, Z. 27) beschrieben. Die Engelsmetaphern lassen Madelon rein und unschuldig wirken. Ihre Zartheit und Schönheit (vgl. S. 78, Z. 20–22) sowie ihr sensibles Wesen (vgl. S. 78, Z. 17 f.) rühren den König, als sie ihm gegenübertritt. Ihr Inneres spiegelt sich in der äußeren Erscheinung wider. So beteuert sie die Unschuld des gerade verhafteten Olivier „mit aufgelösten Haaren, halb entkleidet, wilde Angst, trostlose Verzweiflung im Antlitz" (S. 38, Z. 21–23).

Wesentliche Charaktereigenschaften

Mit ihrem Vater verbindet Madelon eine liebevolle Beziehung. Er achtet auf sie und sorgt sich um sie (vgl. S. 60, Z. 10). Auf seinen Tod reagiert sie verzweifelt (vgl. S. 40, Z. 28 f.). Von den Verbrechen ihres Vaters ahnt sie nichts, die dämonische und verbrecherische Seite seines Charakters ist ihr verborgen geblieben.

Beziehung zu anderen Figuren

Madelons Beziehung zu Olivier Brusson ist gekennzeichnet von enger Verbundenheit, Vertrauen und Liebe. Daraus resultiert, dass sie fest von Oliviers Unschuld überzeugt ist, als dieser in den Verdacht gerät, ihren Vater ermordet zu haben (vgl. S. 41, Z. 9–14). Madelons enge Verbundenheit mit Olivier zeigt sich auch in ihrer Reaktion, nachdem der Vater ihn als unpassenden Ehemann abgelehnt und aus dem Haus geworfen hat: Madelon wird „siech und krank" (S. 59, Z. 6).

Wie ihr Geliebter verbindet Madelon mit Fräulein von Scuderi die Hoffnung, sie könne ihn vor der Hinrichtung retten. Indem sie ihr über die Ereignisse in Cardillacs Todesnacht genau berichtet und ihrem Plan folgt (Auftritt beim

König), zeigt sie ihr Vertrauen in Fräulein von Scuderi und deren Fähigkeiten.

Zusammen-fassung Insgesamt ist für Madelon charakteristisch, dass sie eine innige Liebe mit Olivier verbindet, dessen Unschuld sie beharrlich beteuert. Auf ihre Mitmenschen wirkt sie engelsgleich, zart und schön. Sie handelt gefühlvoll und vermag ihr Gegenüber anzurühren. An der Aufklärung des Kriminalfalls ist sie zwar nicht unmittelbar beteiligt, doch wirkt ihr Vertrauen in Olivier tröstend für ihn und ihr unschuldiges Wesen bestärkt Scuderi darin, die beiden zu unterstützen.

Der Blick auf den Text: Die Textanalyse

Einen Textauszug analysieren – Tipps und Techniken

Für die Analyse (Beschreibung und Deutung) von Auszügen aus epischen Texten stehen grundsätzlich zwei verschiedene Methoden zur Auswahl: die Linearanalyse und die aspektgeleitete Analyse.

In der **Linearanalyse** werden die einzelnen Abschnitte des Aufgabentextes systematisch analysiert, das heißt ihrer Reihenfolge nach. Dies führt in der Regel zu genauen und detaillierten Ergebnissen. Allerdings besteht dabei die Gefahr, dass zu kleinschrittig gearbeitet wird und die übergeordneten Deutungsaspekte des Textauszug aus dem Blick geraten.

In der **aspektgeleiteten Analyse** werden diese Deutungsschwerpunkte von vornherein festgelegt. Daraus ergibt sich in der Regel eine sehr problemorientierte und zielgerichtete Vorgehensweise. Dabei werden jedoch Deutungsaspekte, die nicht im Fokus des Interesses stehen, vernachlässigt.

Aufbauschema:

1. Einleitung:
- Autor, Titel, Textsorte, Erscheinungsjahr des Werks
- Ort, Zeit, Figuren des Textauszugs
- kurze Inhaltsangabe, thematische Schwerpunkte des Werks

↓

2. Einordnung des Textauszugs in die Novelle:
- Was geschieht vorher, was nachher?

Linearanalyse   *aspektgeleitete Analyse*

3. Aufbau des Textauszugs:
- Auflistung der Textabschnitte/ Textgliederung

↓

4. Beschreibung und Deutung der unter 3. angegebenen Textabschnitte:
- Aussagen zum Inhalt des Abschnitts
- Aussagen zur Deutung, Einbettung in den Zusammenhang der Novelle
- Einbezug der sprachlichen Gestaltung
- Überleitung zum nächsten Abschnitt

3. Untersuchungsschwerpunkte:
- Auflistung der ausgewählten Untersuchungsaspekte

↓

4. Beschreibung und Deutung der unter 3. angegebenen Aspekte:
- Benennen des jeweiligen Aspekts
- Aussagen zur Deutung, Einbettung in den Zusammenhang der Novelle
- Einbezug der sprachlichen Gestaltung

5. Schluss:
- Zusammenfassung der Ergebnisse
- Einordnung in einen größeren Zusammenhang
- (persönliche) Bewertung

In den folgenden Abschnitten wird jeweils ein Schülerbeispiel für die Linearanalyse und eines für eine aspektgeleitete Analyse vorgestellt. Zu Übungszwecken bietet es sich an, die angegebenen Textstellen erst selbst zu beschreiben und zu deuten und die eigene Arbeit anschließend mit den Schülertexten zu vergleichen.

Beispiel für eine Linearanalyse

Aufgabe: Analysieren Sie den Textauszug S. 55, Z. 16– S. 57, Z. 29 aus E. T. A. Hoffmanns Novelle „Das Fräulein von Scuderi".

Der zu analysierende Textauszug stammt aus E. T. A. Hoffmanns Novelle „Das Fräulein von Scuderi", die erstmals 1819 erschienen ist. Die Szene spielt nachts in den Straßen von Paris, die wichtigsten Figuren sind Olivier und Cardillac. Die Novelle handelt von einem Kriminalfall, der sich in Paris im Jahre 1680 ereignet: Eine Serie von Juwelenmorden versetzt die Menschen in Angst und Schrecken. Im Mittelpunkt des Falls steht René Cardillac. Er ist der beste Goldschmied seiner Zeit und fertigt unübertroffene Kunstwerke. Aufgrund eines Traumas ermordet Cardillac zwanghaft seine Kunden, um seine Kunstwerke wieder in seinen Besitz zu bringen. Positive Gegenfigur zu Cardillac ist Fräulein von Scuderi. Sie gilt als Inbegriff der Tugend und trägt entscheidend dazu bei, dass der Fall aufgeklärt wird.

Der vorliegende Textauszug ist Teil des längeren Rückblicks, in dem Olivier, der Geselle Cardillacs, Fräulein von Scuderi seine Lebensgeschichte, die Verbrechen Cardillacs und seine Rolle dabei schildert. Für die gesamte Handlung ist der Rückblick von großer Bedeutung, da durch diesen der Kriminalfall aufgeklärt wird. Zu Beginn des Rückblicks berichtet Olivier, wie er als Geselle bei Cardillac gearbeitet

Seitliche Randnotizen:

Einleitung

Inhalt und thematische Schwerpunkte der Novelle

Einordnung des Textauszugs in die Novelle

und sich in Madelon, die Tochter des Meisters, verliebt hat. Als Cardillac von der Liebe zwischen seiner Tochter und Olivier erfährt, wirft er Olivier aus dem Haus. Nachdem dieser Zeuge von Cardillacs Verbrechen geworden ist (Textauszug), schildert er, wie es zu seinem Dilemma kommt: Der Goldschmied „erpresst" Oliviers Schweigen, indem er ihm seine Arbeit zurückgibt und ihm erlaubt, um Madelon zu werben.

Aufbau des Textauszugs

Der vorliegende Textauszug lässt sich in drei Abschnitte gliedern. Im ersten erfährt der Leser, dass Olivier nachts zu Cardillacs Haus geht, in der Hoffnung, mit Madelon sprechen zu können (vgl. S. 55, Z. 16–22). Im zweiten Abschnitt wird erzählt, wie er beobachtet, dass eine Gestalt, die er später als den Goldschmied identifiziert, das Haus heimlich verlässt und einen Mann erdolcht (vgl. S. 55, Z. 22–S. 56, Z. 32). Der dritte Abschnitt (vgl. S. 56, Z. 32–S. 57, Z. 29) beschreibt, wie die Marechaussee kurz nach dem Mord erscheint und wie Olivier auf die Geschehnisse der Nacht reagiert.

Beschreibung und Deutung

Erster Abschnitt

Der erste Textabschnitt gibt an, zu welcher Zeit die folgenden Geschehnisse stattfinden: in der Nacht („Zur Nachtzeit umschlich ich Cardillacs Haus", S. 55, Z. 17). Das ist wichtig, da die Nachtzeit mit den Verbrechen in Verbindung steht: Die Dunkelheit verbirgt die Taten Cardillacs und seinen heimlichen Beobachter Olivier. Dieser wartet vor Cardillacs Haus, um ungestört mit Madelon sprechen zu können.

Gefühle Oliviers

Der überraschende Rauswurf und die Trennung von seiner Geliebten wühlen ihn auf und machen ihn traurig. Sprachlich wird dies durch zwei Parallelismen veranschaulicht („keine Ruhe, keine Rast", S. 55, Z. 16; „meine Seufzer, meine Klage", S. 55, Z. 18).

Zweiter Abschnitt

Tempuswechsel

Wie Olivier Zeuge der Verbrechen Cardillacs wird, schildert der zweite Abschnitt (vgl. S. 55, Z. 22–S. 56, Z. 32). Die Szene hebt sich vom vorhergehenden Erzählerbericht ab, da sie spannender und anschaulicher wirkt; das hängt auch mit dem Wechsel des Erzähltempus zusammen. Zu Beginn des Abschnitts wechselt der Erzähler vom Präteritum ins Präsens. Durch die Zeitangabe „Mitternacht" (S. 55, Z. 29) entsteht der Eindruck von etwas Unheimlichem (Geister- stunde). Dieser Eindruck verdichtet sich durch die Wort- wahl „gespenstische[r] Nachtwanderer" (S. 56, Z. 11 f.) und „Spuk" (S. 56, Z. 13).

Unheimliche Atmosphäre

Im Kontrast zur Dunkelheit der Nacht steht das Licht, das Olivier in der Werkstatt Cardillacs bemerkt (vgl. S. 55, Z. 28) und das seine Aufmerksamkeit auf sich zieht. Das Licht verschwindet und kurze Zeit später beobachtet Oliv- ier in „dem dämmernden Schimmer der Nacht" (S. 55, Z. 36 f.), wie eine Gestalt aus einem verborgenen Durch- gang in der Mauer hervortritt. Durch die Dunkelheit der Nacht bleibt zunächst unklar, um wen es sich bei der Ge- stalt handelt. Dadurch steigt die Spannung. Olivier folgt der Gestalt und erkennt im „Schein der hellen Lampe" (S. 56, Z. 7), dass es Cardillac ist, der sich aus dem Haus geschlichen hat. Mit dem Licht geht also auch die Erkennt- nis einher, wer dort zu ungewohnter Stunde unterwegs ist.

Spannungserzeu- gung durch Hell-Dunkel- Kontrast

Als Cardillac in einen Hauseingang tritt, beobachtet Olivier ihn weiter; er wird Zeuge, wie der Goldschmied einen Mann überfällt. Die Schnelligkeit und Kraft, mit der er da- bei vorgeht, veranschaulicht der Vergleich mit einem Tiger („Wie ein Tiger auf seinen Raub, stürzt sich Cardillac aus seinem Schlupfwinkel auf den Mann", S. 56, Z. 22 f.). Oli- vier reagiert entsetzt, schreit und eilt zu dem tödlich Ver- letzten, Cardillac flüchtet.

Sprachliches Bild: Tiger

Kurz nach der Tat kommt die Marechaussee (dritter Ab- schnitt). Die Polizisten kennen Olivier, halten ihn nicht für den Täter, sondern befragen ihn als Zeugen. Der Geselle schildert, was er gesehen hat, verrät aber nicht, dass Car- dillac der Täter ist (vgl. S. 57, Z. 10–14). Die Polizisten verlassen den Tatort mit der Leiche. Olivier bleibt dort zu- rück und fühlt sich wie in einem „böse[n] Traum" (S. 57,

Dritter Abschnitt

Sprachliches Bild: Traum

Z. 20). Dieser Vergleich zeigt, dass Olivier noch nicht genau begreift, was geschehen ist. Dass Cardillac ein Mörder ist, erscheint ihm so unwirklich wie ein Traum. Mit dem beginnenden Tag („Immer mehr und mehr dämmerte der Morgen herauf", S. 57, Z. 24 f.) werden ihm die Ereignisse der Nacht klar: Er sieht den Offiziershut vor sich liegen, den der Überfallene verloren hat, und „Cardillacs blutige Tat […] ging vor [ihm] hell auf" (S. 57, Z. 27 f.).

Tag-/Nachtmotiv

Der zu analysierende Textauszug ist von Bedeutung für die gesamte Novelle, da sich hier zeigt, dass Cardillac ein Doppelleben führt: Tagsüber arbeitet der Goldschmied in seiner Werkstatt, nachts ermordet er seine Kunden. Warum tut er das? Das ist die Frage nach dem Motiv. Sie stellt sich hier und wird im weiteren Verlauf der Handlung aufgegriffen, wenn Olivier Fräulein von Scuderi Cardillacs Geschichte erzählt.

Zusammenfassung: Bedeutung des Textauszugs für die gesamte Novelle

Das literarische Motiv der Nacht und des Tages durchzieht das Geschehen nicht nur im vorliegenden Textauszug, sondern in der gesamten Novelle (z. B.: Olivier überbringt das Kästchen in der Nacht; was es enthält, zeigt sich erst am Morgen danach (vgl. S. 24, Z. 6 – S. 25, Z. 3); Olivier wird in der Nacht zu Scuderi gebracht (vgl. S. 50, Z. 24 ff.), der Tagesanbruch markiert das Ende der Unterredung (vgl. S. 70, Z. 1)). Insbesondere für die Deutung Cardillacs (Tag- und Nachtseite der Figur) ist das Motiv relevant.

Bedeutung des Tag-/Nachtmotivs

Beispiel für eine aspektgeleitete Analyse

Aufgabe: Analysieren Sie den Textauszug S. 42, Z. 32 – S. 46, Z. 23 aus E. T. A. Hoffmanns Novelle „Das Fräulein von Scuderi".

Der vorliegende Textauszug stammt aus E. T. A. Hoffmanns 1819 erschienener Novelle „Das Fräulein von Scuderi". Der

Einleitung

Textauszug behandelt eine Begegnung der Hauptfigur Fräulein von Scuderi mit la Regnie, dem Präsidenten der Chambre ardente.

Hoffmanns Novelle spielt 1680 in Paris und handelt von einem Kriminalfall: Eine Serie von Juwelenmorden versetzt die Menschen in Angst und Schrecken. Im Mittelpunkt des Falls steht René Cardillac. Er ist der beste Goldschmied seiner Zeit und fertigt unübertroffene Kunstwerke. Aufgrund eines Traumas ermordet Cardillac zwanghaft seine Kunden, um seine Kunstwerke wieder in seinen Besitz zu bringen. Als Cardillac getötet wird, gerät sein Geselle Olivier in Verdacht, die Tat begangen zu haben und auch für die Juwelenmorde verantwortlich zu sein. Positive Gegenfigur zu Cardillac ist Fräulein von Scuderi. Sie gilt als Inbegriff der Tugend und trägt entscheidend dazu bei, dass der Fall aufgeklärt wird.

Inhalt und thematische Schwerpunkte der Novelle

Der vorliegende Textauszug schließt an Oliviers Verhaftung und Madelons Bericht über die Ereignisse in Cardillacs Todesnacht an. Madelon ist die Tochter des Goldschmieds. Fräulein von Scuderi stellt umfangreiche Nachforschungen an: Wie eine Detektivin ermittelt sie im Umfeld des Verdächtigen, um Madelons Aussagen zu überprüfen. Sie findet keine Anhaltspunkte für ein Mordmotiv und ist von Oliviers Unschuld überzeugt. Im Anschluss an ihre Unterredung mit la Regnie sucht sie den Verdächtigen, gemäß ihrer Absprache mit dem Präsidenten, im Untersuchungsgefängnis auf. Dieses Treffen weckt kurzfristig Scuderis Zweifel an Oliviers Unschuld.

Einordnung des Textauszugs in die Novelle

Anhand des vorliegenden Textauszugs lässt sich beispielhaft Fräulein von Scuderis Gesprächsverhalten analysieren. Außerdem beleuchtet der Textauszug am Beispiel des Gerichtspräsidenten la Regnie die fragwürdige Rolle der Justiz im Prozess gegen Olivier.

Untersuchungsschwerpunkte

Scuderis Unterredung mit la Regnie steht am Beginn einer Reihe verschiedener Versuche, den Prozess gegen Olivier

Erster Untersuchungsschwerpunkt: Scuderis Gesprächsverhalten

positiv zu beeinflussen. Aufgrund des Ansehens, das Suderi genießt, hat sie Zugang zu den Prozessbeteiligten. Scuderi schildert la Regnie alles, was sie zu Oliviers Gunsten vorbringen kann: die Aussage Madelons und die Ergebnisse ihrer eigenen Nachforschungen.

Sachinformationen, Gefühlsäußerungen und …

Scuderi trägt nicht einfach sachlich vor, was sie ermittelt hat. Ihre Ausführungen werden von Gefühlsäußerungen („Tränen", S. 42, Z. 39; S. 43, Z. 3) und Appellen begleitet. Die Gefühlsäußerungen wirken echt, da Scuderi aufrichtig an die Unschuld Oliviers glaubt und sein Schicksal sie anrührt. Sie können aber auch als (bewusst eingesetztes) Mittel gesehen werden, ihren Gesprächspartner zu beeinflussen (siehe auch den geschickt inszenierten Auftritt beim König, S. 76 – 79).

… Appelle

Im Gespräch richtet Scuderi immer wieder eindringliche Appelle an den Gerichtspräsidenten: Sie ermahnt ihn, nicht „der Feind des Angeklagten [zu] sein, sondern auf alles [zu] achten […], was zu seinen Gunsten spräche" (S. 42, Z. 40 – S. 43, Z. 1). Dieser Appell richtet sich an la Regnies Berufsehre und hat die Funktion, ihm seine Pflichten gegenüber Olivier vor Augen zu führen. Fräulein von Scuderi spricht aber nicht nur seine Rolle als Richter im Prozess an, sondern appelliert auch an seine Menschlichkeit (vgl. S. 46, Z. 5). Damit reagiert sie auf la Regnies Verdacht, Madelon könne in den Mord an ihrem Vater verstrickt sein. Der Ausruf „[s]eid menschlich" (S. 46, Z. 5) wirkt gegen Ende des Gesprächs wie das letzte Mittel, die Einstellung la Regnies gegenüber dem Angeklagten zu verändern.

Zusammenfassung des ersten Untersuchungsschwerpunkts

Das Gespräch zeigt, dass Fräulein von Scuderi mit verschiedenen Mitteln versucht, la Regnie zu überzeugen. Die Informationen (Madelons Aussage, die eigenen Nachforschungen über Olivier) und die von Gefühlsäußerungen begleiteten Appelle verfehlen aber ihre Wirkung, denn la Regnie ist nach wie vor von Oliviers Schuld überzeugt. Ausführlich schildert er Fräulein von Scuderi den Stand des

Prozesses (vgl. S. 43, Z. 24 – S. 45, Z. 30). Für ihn besteht kein Zweifel, dass Olivier den Meister ermordet hat und Teil der Juwelenbande ist.

Anhand von la Regnies Verhalten und Einstellungen zum Prozess und seinen Beteiligten kann in diesem Textauszug exemplarisch die Rolle der Justiz für den Kriminalfall untersucht werden. La Regnie ist ein hoher Vertreter der Justiz, da er das Amt des Präsidenten der Chambre ardente bekleidet. Dieser Gerichtshof ist vom König eigens dazu eingerichtet worden, die Giftaffäre und später auch die Juwelenmorde aufzuklären. Im Vergleich zu den regulären Gerichten ist dieses mit besonderen Kompetenzen ausgestattet und verfolgt die Täter mit großer Härte und Willkür, sodass es mit der Inquisition verglichen wird. Zweiter Untersuchungsschwerpunkt: Rolle der Justiz

La Regnie beschreibt seine Rolle so: Die Arbeit für das Gericht empfindet er als Pflichterfüllung. Der Gerichtshof soll durch die harten Strafen, die er verhängt, abschreckend wirken und den Verbrechern Furcht einflößen (vgl. S. 43, Z. 13 – 16). Der Gerichtspräsident wirkt in der Unterredung mit Scuderi durch seine Mimik unsympathisch, da er auf ihre Worte mit einem „feine[n], beinahe hämische[n] Lächeln" (S. 42, Z. 37) reagiert. Seinen Verdacht, Madelon könne in den Mord verstrickt sein, begleitet er ebenfalls mit einem „giftigen Lächeln" (S. 45, Z. 32). Die gewählten Adjektive „hämisch" und „giftig" verleihen der Figur des Gerichtspräsidenten einen bösartigen Anstrich. Seine Mimik steht damit im Widerspruch zu seinem ausgesucht höflichen und respektvollen Verhalten gegenüber Fräulein von Scuderi (vgl. S. 42, Z. 32 – S. 43, Z. 23). Sachlich und detailliert berichtet er ihr, welche Umstände aus Sicht des Gerichts gegen Olivier sprechen. Scuderis Einwände (fehlendes Motiv, Widersprüche zu Madelons Aussage) überzeugen la Regnie nicht. Indem das Gericht das Geständnis durch Folter erzwingen will und Madelon mit Untersuchungshaft droht, zeigt sich der „blinde[ ] Eifer" (S. 17, Mimik Wortwahl

Z. 20) der Justiz, die sich von den Tätern verspottet fühlt (vgl. S. 45, Z. 18–21) und unter großem Druck steht, der Verbrechensserie endlich ein Ende zu bereiten. Mit der Figur des Gerichtspräsidenten verbinden sich Bösartigkeit und Grausamkeit.

Bösartigkeit und Grausamkeit la Regnies

Am Beispiel Oliviers zeigt sich, dass der Justiz, hier vertreten durch la Regnie, vernünftige Maßstäbe bei der Aufklärung der Verbrechen abhanden gekommen sind. Ohne nachvollziehbares Motiv oder eindeutige Beweise für seine Täterschaft wird an der Schuld des Angeklagten festgehalten. Damit wird im zu analysierende Textauszug die fragwürdige Rolle der Justiz veranschaulicht.

Zusammenfassung des zweiten Untersuchungsschwerpunkts

Der vorliegende Textauszug verdeutlicht insgesamt Scuderis Engagement für Olivier und Madelon. Das Gespräch mit dem Gerichtspräsidenten zeigt, dass sie verbale und nonverbale Mittel einsetzt, um ihr Gegenüber zu überzeugen, was ihr in diesem Falle jedoch misslingt. Im späteren Verlauf der Handlung spielen Scuderis Überzeugungsstrategien in Verbindung mit ihrem dichterischen Können die entscheidende Rolle, wenn es ihr gelingt, die Gunst des Königs für Olivier zu gewinnen.

Zusammenfassung und Einordnung

Der Blick auf die Prüfung: Themenfelder

Dieses Kapitel bietet verschiedene Übersichten, die bei Hausaufgaben, der Vorbereitung auf Klausuren und mündliche oder schriftliche Prüfungen nützlich sein können. Hilfreich sind die Übersichten vor allem dann, wenn die vorangegangenen Kapitel gründlich studiert worden sind.

Unter „Internetadressen" und „Literatur" sind Quellen zum Autor und seinem Werk zusammengestellt. Sie bieten Zusatzinformationen, eignen sich zur vertiefenden Recherche und können dabei helfen, Wissenslücken zu füllen.

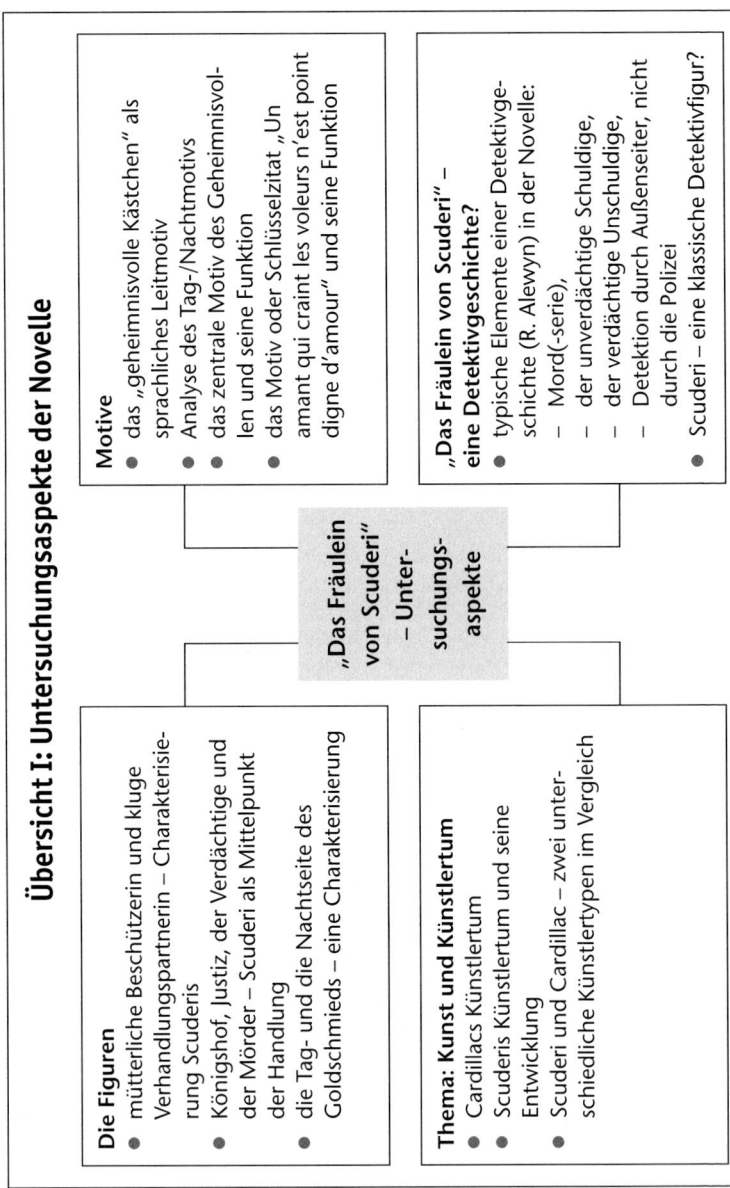

Übersicht I: Untersuchungsaspekte der Novelle

„Das Fräulein von Scuderi" – Untersuchungsaspekte

Motive
- das „geheimnisvolle Kästchen" als sprachliches Leitmotiv
- Analyse des Tag-/Nachtmotivs
- das zentrale Motiv des Geheimnisvollen und seine Funktion
- das Motiv oder Schlüsselzitat „Un amant qui craint les voleurs n'est point digne d'amour" und seine Funktion

„Das Fräulein von Scuderi" – eine Detektivgeschichte?
- typische Elemente einer Detektivgeschichte (R. Alewyn) in der Novelle:
  - Mord(-serie),
  - der unverdächtige Schuldige,
  - der verdächtige Unschuldige,
  - Detektion durch Außenseiter, nicht durch die Polizei
- Scuderi – eine klassische Detektivfigur?

Die Figuren
- mütterliche Beschützerin und kluge Verhandlungspartnerin – Charakterisierung Scuderis
- Königshof, Justiz, der Verdächtige und der Mörder – Scuderi als Mittelpunkt der Handlung
- die Tag- und die Nachtseite des Goldschmieds – eine Charakterisierung

Thema: Kunst und Künstlertum
- Cardillacs Künstlertum
- Scuderis Künstlertum und seine Entwicklung
- Scuderi und Cardillac – zwei unterschiedliche Künstlertypen im Vergleich

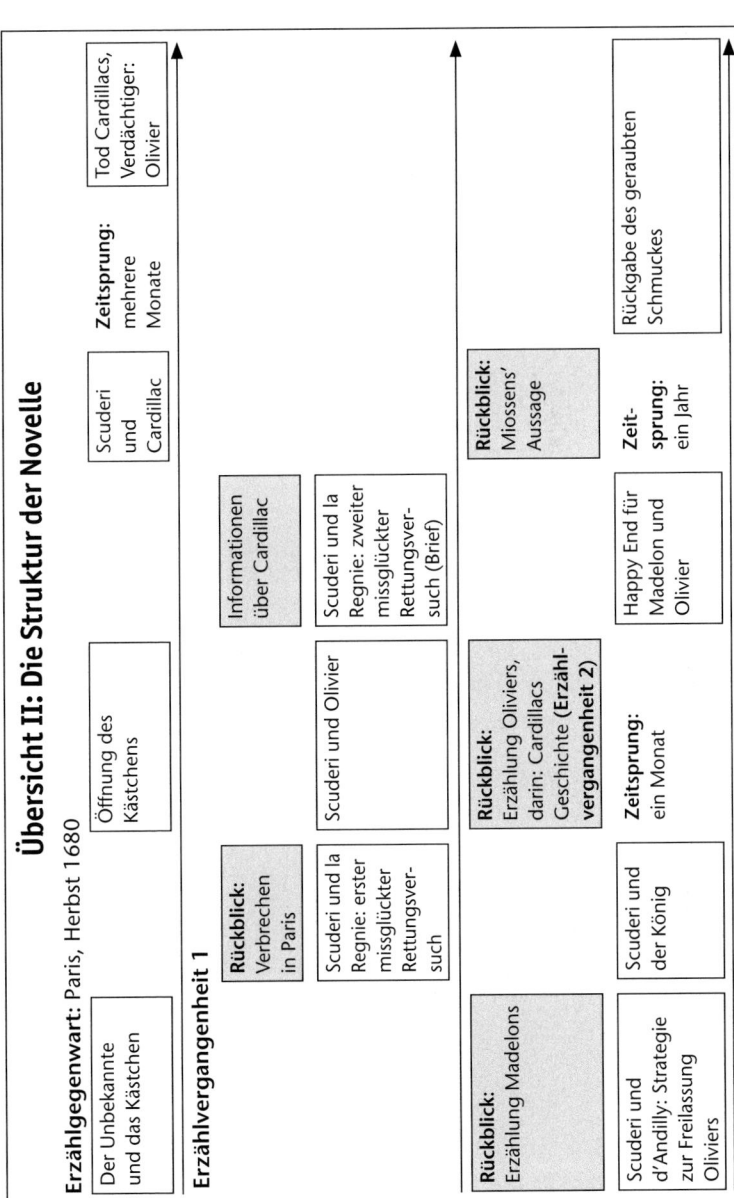

Übersicht II: Die Struktur der Novelle

Erzählgegenwart: Paris, Herbst 1680

| Der Unbekannte und das Kästchen | Öffnung des Kästchens | | **Zeitsprung:** mehrere Monate | Tod Cardillacs, Verdächtiger: Olivier |

Scuderi und Cardillac

Erzählvergangenheit 1

Rückblick: Verbrechen in Paris

Informationen über Cardillac

Scuderi und Olivier

Scuderi und la Regnie: erster missglückter Rettungsversuch

Scuderi und la Regnie: zweiter missglückter Rettungsversuch (Brief)

Rückblick: Miossens' Aussage

Rückblick: Erzählung Oliviers, darin: Cardillacs Geschichte (**Erzählvergangenheit 2**)

Zeitsprung: ein Monat

Zeitsprung: ein Jahr

Rückgabe des geraubten Schmuckes

Rückblick: Erzählung Madelons

Scuderi und der König

Happy End für Madelon und Olivier

Scuderi und d'Andilly: Strategie zur Freilassung Oliviers

Übersicht III: Vergleichsmöglichkeiten mit anderen literarischen Werken

Motivvergleiche, z. B.

- Motiv des Geheimnisvollen: Vergleich mit Friedrich Dürrenmatts „Der Richter und sein Henker", 1985
- Nachtmotiv: Vergleich mit J. W. v. Goethes „Die Nacht", 1768; Novalis' „Hymnen an die Nacht", 1800; Joseph v. Eichendorffs „Die Nachtblume", ca. 1830

„Das Fräulein von Scuderi"

Figurenvergleiche, z. B.

- Vergleich Scuderis mit „klassischen" Detektivfiguren (z. B. Polizeidetektiv Kurt Wallander in Henning Mankells Kriminalromanen; Detektiv Sherlock Holmes in Arthur Conan Doyles Werken)
- Vergleich Cardillacs mit anderen Künstlerfiguren (z. B. Grenouille in Patrick Süskinds „Das Parfüm", 1985; Werther in J. W. v. Goethes „Die Leiden des jungen Werthers", 1774)

Textvergleichende Interpretationen
Vergleich von Erzählanfängen, z. B.

- Vergleich zwischen dem Anfang von „Das Fräulein von Scuderi" und dem Anfang von Henning Mankells „Der Mann, der lächelte", 1994; oder dem Anfang von Henning Mankells „Die Brandmauer", 1998
- Vergleich zwischen dem Anfang von „Das Fräulein von Scuderi" und dem Anfang von Friedrich Dürrenmatts „Der Richter und sein Henker", 1985

Übersicht IV: Erzähltheoretische Aspekte

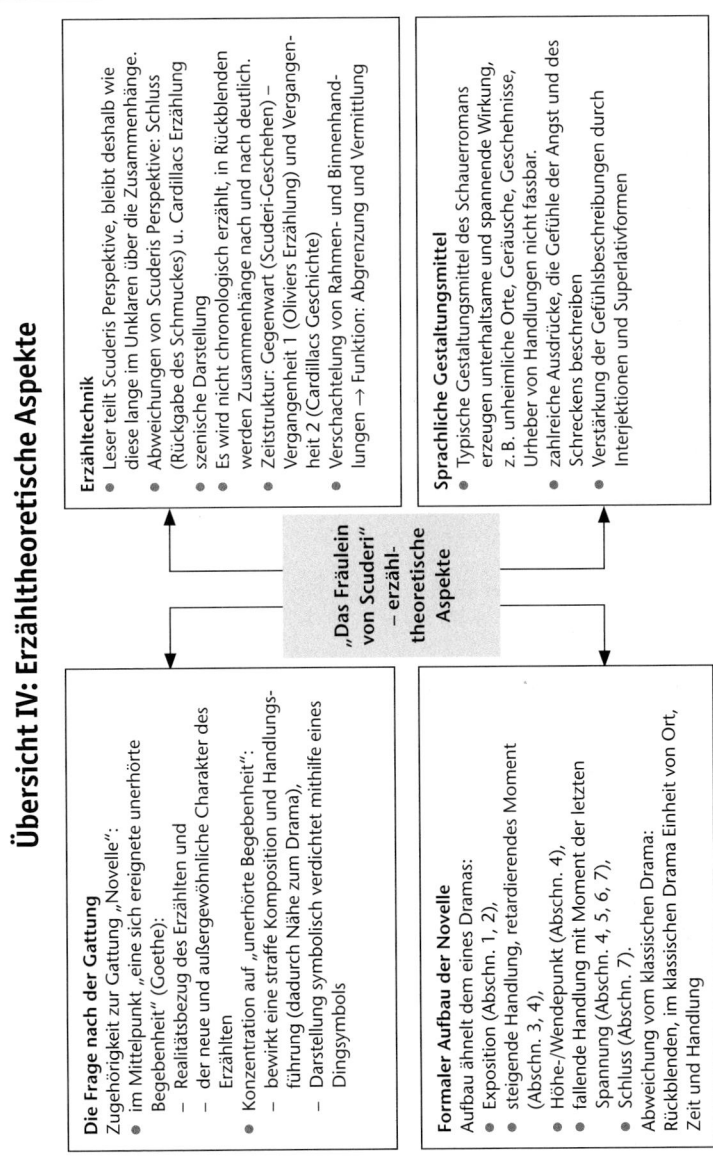

Die Frage nach der Gattung
Zugehörigkeit zur Gattung „Novelle":
● im Mittelpunkt „eine sich ereignete unerhörte Begebenheit" (Goethe):
  – Realitätsbezug des Erzählten und
  – der neue und außergewöhnliche Charakter des Erzählten
● Konzentration auf „unerhörte Begebenheit":
  – bewirkt eine straffe Komposition und Handlungsführung (dadurch Nähe zum Drama),
  – Darstellung symbolisch verdichtet mithilfe eines Dingsymbols

Formaler Aufbau der Novelle
Aufbau ähnelt dem eines Dramas:
● Exposition (Abschn. 1, 2),
● steigende Handlung, retardierendes Moment (Abschn. 3, 4),
● Höhe-/Wendepunkt (Abschn. 4),
● fallende Handlung mit Moment der letzten Spannung (Abschn. 4, 5, 6, 7),
● Schluss (Abschn. 7).
Abweichung vom klassischen Drama:
Rückblenden, im klassischen Drama Einheit von Ort, Zeit und Handlung

„Das Fräulein von Scuderi" – erzähltheoretische Aspekte

Erzähltechnik
● Leser teilt Scuderis Perspektive, bleibt deshalb wie diese lange im Unklaren über die Zusammenhänge.
● Abweichungen von Scuderis Perspektive: Schluss (Rückgabe des Schmuckes) u. Cardillacs Erzählung → szenische Darstellung
● Es wird nicht chronologisch erzählt, in Rückblenden werden Zusammenhänge nach und nach deutlich.
● Zeitstruktur: Gegenwart (Scuderi-Geschehen) – Vergangenheit 1 (Oliviers Erzählung) und Vergangenheit 2 (Cardillacs Geschichte)
● Verschachtelung von Rahmen- und Binnenhandlungen → Funktion: Abgrenzung und Vermittlung

Sprachliche Gestaltungsmittel
● Typische Gestaltungsmittel des Schauerromans erzeugen unterhaltsame und spannende Wirkung, z. B. unheimliche Orte, Geräusche, Geschehnisse, Urheber von Handlungen nicht fassbar.
● zahlreiche Ausdrücke, die Gefühle der Angst und des Schreckens beschreiben
● Verstärkung der Gefühlsbeschreibungen durch Interjektionen und Superlativformen

Internetadressen

Unter den folgenden Internetadressen kann man sich zusätzlich informieren:

www.etahg.de
(Die E. T. A. Hoffmann-Gesellschaft bietet u. a. Informationen zu Biografie und Werk des Schriftstellers und zum Hoffmann-Haus in Bamberg an und stellt das Hoffmann-Jahrbuch vor.)

http://eta.staatsbibliothek-berlin.de
(E. T. A.-Hoffmann-Archiv der Staatsbibliothek Berlin)

www.tour-literatur.de/Autoren_texte/hoffmann_eta.htm
(Artikel zu Leben und Werk des Autors)

www.xlibris.de/Autoren/Hoffmann
(Informationen zu Hoffmanns Biografie, eine Bibliografie sowie Kurzbeschreibungen einzelner Werke und eine literaturgeschichtliche Übersicht)

http://www.zeno.org/Literatur/M/Hoffmann,+E.+T.+A.
(Die digitale Bibliothek enthält einzelne Werke E. T. A. Hoffmanns als Volltext und bietet außerdem eine Kurzbiografie des Autors.)

http://gutenberg.spiegel.de/autor/154
(Auch in dieser digitalen Bibliothek finden sich einzelne Werke E. T. A. Hoffmanns als Volltext und eine Kurzbiografie.)

www.ub.fu-berlin.de/service_neu/internetquellen/fachinformation/germanistik/autoren/autorh/etahoff.html
(Linksammlung der Freien Universität Berlin zu E. T. A. Hoffmann)

http://bildungsserver.hamburg.de/ernst-theodor-amadeus-hoffmann
(umfangreiche Informationen zu Leben und Werk des Autors, Themen, einzelnen Werken, ihren historischen Hintergründen, Literaturgeschichte, Institutionen und Sekundärliteratur)

[Stand: 23.04.2012]

Literatur

Textausgabe

Hoffmann, E. T. A.: Das Fräulein von Scuderi, hrsg. v. Johannes Diekhans, erarbeitet und mit Anmerkungen und Materialien versehen von Kerstin Prietzel. Paderborn: Schöningh ⁶2010

Verwendete Sekundärliteratur

Alewyn, Richard: Ursprung des Detektivromans. In: Ders.: Probleme und Gestalten. Essays. Frankfurt am Main: Insel 1974, S. 341–360

Deutsche Literaturgeschichte. Von den Anfängen bis zur Gegenwart. Fünfte überarbeitete Aufl. Stuttgart, Weimar: Metzler 1994

E. T. A. Hoffmann. Leben und Werk in Briefen, Selbstzeugnissen und Zeitdokumenten. Hg. v. Klaus Günzel. Berlin: Verlag der Nationen ³1984

Feldges, Brigitte u. Stadler, Ulrich: E. T. A. Hoffmann. Epoche. Werk. Wirkung. München: C. H. Beck 1986

Freund, Winfried: Novelle. Stuttgart: Reclam 2009

Geschichte der deutschen Literatur. Erzählt von Manfred Mai. Erweiterte Neuausgabe. Weinheim, Basel: Beltz & Gelberg 2004

Kaiser, Gerhard: Literarische Romantik. Göttingen: Vandenhoeck & Ruprecht 2010

Kremer, Detlef: E. T. A. Hoffmann. Erzählungen und Romane. Berlin: Erich Schmidt 1999

Kremer, Detlef: Romantik. 2., überarbeitete und aktualisierte Aufl. Stuttgart, Weimar: Metzler 2003

Metzler Literaturlexikon. Begriffe und Definitionen. Hg. v. Günther und Irmgard Schweikle. Zweite, überarbeitete Aufl. Stuttgart: Metzler 1990

Pikulik, Lothar: Das Verbrechen aus Obsession. E. T. A. Hoffmann: Das Fräulein von Scuderi (1819). In: Deutsche Novellen. Hg. v. Winfried Freund. München: Fink 1993, S. 47–57

Pikulik, Lothar: E. T. A. Hoffmann als Erzähler. Ein Kommentar zu den „Serapions-Brüdern". Göttingen: Vandenhoeck & Ruprecht 1987

Steinecke, Hartmut: E. T. A. Hoffmann. Stuttgart: Reclam 1997

Wittkopp-Ménardeau, Gabrielle: E. T. A. Hoffmann mit Selbstzeugnissen und Bilddokumenten. Reinbek bei Hamburg: Rowohlt ⁸2010

Weiterführende Literatur

Gröbe, Susanne: E. T. A. Hoffmann. Stuttgart: Reclam 2000

Safranski, Rüdiger: E. T. A. Hoffmann. Das Leben eines skeptischen Phantasten. München: Hanser 1998

Verfilmungen

1930: Juwelen – Regie: Hans Brückner

1950: Die tödlichen Träume – Regie: Paul Martin

1955: Das Fräulein von Scuderi – Regie: Eugen York

1968: Cardillac – Regie: Edgar Reitz

1976: Das Fräulein von Scuderi – Regie: Lutz Büscher

Notizen

Notizen

_____

_____

_____

_____

_____

_____

_____

_____

_____

_____

_____

_____

_____

_____

_____

_____

_____

_____

Notizen

_____

_____

_____

_____

_____

_____

_____

_____

_____

_____

_____

_____

_____

_____

_____

_____

_____

_____